내 집을 싸게 사는 최고의 방법

집을 싸게 사려면 내재가치를 마스터하라!

내 집을 싸게 사는
최고의 방법

김기석 지음

매일경제신문사

프롤로그

적은 투자금으로
부동산 수익률을 최대화하라!

300만 달러의 가치를 고작 23만 7,000달러로 계약했다면 믿어지십니까? 수익률도 수익률이지만 이 엄청난 가치의 폭발성을 이뤄낸 이는 바로 미국 메이저리그 역사상 최초로 20연승 기록을 세우면서 유명해진 스콧 앨런 해티버그(Scott Allen Hatteberg)입니다. 그는 한때 저평가됐고 소외됐던 미국 프로 야구 선수였습니다. 그의 드라마틱한 이야기를 영화로 다룬 것이 바로 브래드 피트(Brad Pitt) 주연의 〈머니볼〉입니다. 우리나라 돈으로 환산하면 2억 9,000만 원을 투자해 37억 원 이상의 가치를 실현했다는 이야기인데요. 이런 황당한 이야기가 부동산 투자에서도 가능한 일일까요?

투자금의 13배 수익 실현은 대체 어떤 느낌일까요? 갭 투자로 강남의 아파트에 10억 원을 투자해서 130억 원을 번다? 현실적으로 생각하면 정말 어려운 이야기입니다. 야구에서 홈런, 타율, 타점이 높은 선수의 연봉은 여러 명의 선수의 연봉을 합친 것보다 훨씬 높습니다. 집값도 마찬가지겠죠. 상승을 주도하는 리더형 주택, 즉 아파트는 내재가치에 비해 월등히 높은 가격에 거래되곤 합니다.

반면에 아파트를 제외한 주택이나 주차가 불편한 낡은 빌라는 가치에 비해 값이 턱없이 쌉니다. 비슷한 크기의 빌라 몇 채를 사야 아파트 한 채 가격에 겨우 미칩니다. 내재가치가 과대평가된 아파트, 과소평가된 빌라 사이에는 엄청난 간극이 존재합니다. 그래서 우리는 내재가치를 잘 분석해 투자의 목적을 안전하게 달성해야 합니다.

부동산이든, 주식이든 투자의 목적은 같습니다. 더 많은 이익을 얻는 것입니다. 거기에 저비용, 고효율이면 금상첨화, 최상의 투자입니다.

투자 목표를 제대로 달성하려면 어떻게 해야 할까요?

1. 매입가격보다 더 떨어지지 않아야 합니다. 즉, 수익이 마이너스가 되면 안 된다는 뜻입니다. 방법은 간단합니다. 내재가치보다 저평가된 것을 구매하는 것입니다. 아파트 자체가 목표가 되어서는 수익 실현이 어려울 가능성이 있습니다.

2. 장기적으로 가격의 등락이 심하지 않은 것을 선택하는 것이 안전합니다. 그것은 부동산뿐만 아니라 주식을 할 때도 마찬가지

입니다. 안전성은 가치를 지탱하고 있는 것, 즉, 원재료의 가치에 달려 있습니다. 주택의 원재료는 땅입니다. 우리는 저평가된 땅(지분)을 사야 합니다.

3. 공급의 탄력성이 높은 집은 고평가된 것인지 잘 살펴봐야 합니다. 주변에 집 지을 대지가 많은 지역이 탄력성이 높은 곳이라 할 수 있습니다.

4. 건축원가와 격차가 클수록 원가로 회귀할 가능성이 크기 때문에 유의해야 합니다.

5. 땅값에 대한 가짜뉴스를 경계해야 합니다. 땅값은 그 지역의 경제성장률과 비례합니다. 땅은 성장률만큼만 오르게 되어 있습니다. 일시적으로 급등한 땅값은 허상에 불과하다는 것을 명심해야 합니다.

그런데 내재가치와 실제 거래가격이 차이가 나는 이유는 무엇일까요? 시장의 공급이나 금리, 신용 팽창보다는 인간의 심리에서 기인하는 바가 큽니다. 사람들은 제한된 정보를 가지고 집을 사려고 할 때 미래의 집값이 내릴 것 같을 때는 집을 사는 것보다 임대차를 선택하는 경향이 있습니다. 가격 하락의 두려움으로 선뜻 집을 사지 못하는 것입니다.

반대로 내릴 것 같은 집값이 오르려는 조짐이 조금이라도 보이면 하루라도 빨리 집을 사려고 서두릅니다. 사방에서 소문이 들려오고 실제로 내 주변의 집값이 오르는 것을 목격이라도 하게 되면 마음이 한없이 급해지죠. 오르는 집을 보고 방관만 하고 있기란 쉽지 않습니다. 집값 상승에 대한 과도한 기대심리가 작용하기 마련이죠. 이럴 때는 이미 오를 만큼 올랐음에도 집의 가치와는 상관없이 단순 비교하며 집을 구매합니다. 상승 사이클도 길게 갈 것이라 예측하면서 말이죠.

　집값이 거품을 형성하게 되는 시기의 집값 상승 형태는 세계 어느 나라나 비슷합니다. 그래서 집값은 본래 가진 내재가치로부터 많이 내리기도 하고 오르기도 하면서 널을 뜁니다. 그러다가 궁극적으로 본연의 내재가치로 회귀합니다. 이런 특성을 미리 알고 집을 구입할 때 내재가치로 근접해 집을 사게 되면, 집값의 등락에 크게 신경 쓰지 않고 살아갈 수 있습니다.

　부동산 투자에서 수익성과 안정성, 이 두 마리 토끼를 한 번에 잡으려면 어떻게 해야 할까요? 당연히 저평가된 집을 매입하는 것이 가장 이상적인 투자가 될 것입니다. 투자는 대부분 감성으로 합니다. 쉽게 말해 대충 비교해서 사는 경향이 있다는 것입니다. 이 책은 내재가치를 위한 안내서입니다. 내재가치는 건물가치를 법의 테두리에서 상정한 것입니다. 기본 정보가 잘못되면 정확한 내재가치 산정도 어렵습니다.

인접 대지 시세를 과대평가하거나 건축단가, 건축면적, 일조권, 용적률을 잘못 적용하면 엉뚱한 내재가치가 튀어나올 수 있습니다. 서울, 경기, 수도권의 내재가치의 경우, 많은 부분을 대지가치가 차지하고 있는 실정이죠.

　내가 살고 있는 집의 내재가치가 얼마인지 궁금하지 않으십니까? 투자 계획이 있다면, 내 집 마련의 꿈이 있다면 이 책을 읽고 가장 저평가된 가치 있는 집을 찾아보시길 바랍니다. 이 책은 편견을 가지고 읽으면 다소 불편할 수도 있는 내용을 포함하고 있습니다. 하나의 정보, 알짜 부동산 투자 정보를 얻는다는 가벼운 마음으로 읽어주시기를 부탁드립니다.

김기석

차례

| 프롤로그 | 적은 투자금으로 부동산 수익률을 최대화하라!　　　　　5

PART 01
집을 싸게 사려면
내재가치를 마스터하라!

1. 부동산 투자의 본질을 파악하자　　　　　18
　원금 보전의 법칙을 유지하라!　　　　　20
　진정한 승리자는 누굴까?　　　　　23
　부동산 투자의 만능열쇠　　　　　24
　정보 홍수 시대에 살아남는 법　　　　　25

2. 투자의 역사는 반복된다　　　　　27
　꽃으로 살고 꽃으로 망하다 – 네덜란드의 튤립 파동　　　　　28
　무지와 무분별한 투자가 불러일으킨 비극
　　– 프랑스의 미시시피 사건　　　　　29
　근대 유럽이 만든 특권 회사 – 영국의 남해회사 사건　　　　　31

3. 대세를 알면 내재가치도 보인다!   36

   버핏의 담배꽁초 투자   38

   아파트와 빌라의 가격 흐름은 어떻게 다를까?   40

   대세의 흐름을 읽으면 단기 투자에 유리하다   42

4. 군중심리에서 엿보는 내재가치   45

   장어 치어의 추억   47

   정보의 캐시캐이드(Information Cascade, 정보의 폭포)   50

5. 집값의 중심가격이 바로 내재가치다   55

   가치를 제대로 알면 부동산 투자를 시작할 수 있다   57

   내재가치의 판단 기준은 무엇일까?   61

6. 새집의 내재가치와 케첩 논쟁   65

   케첩 논쟁과 집값의 상관관계   68

7. 공급 탄력성과 내재가치 기본공식을 마스터하라   71

   투자의 황금률 '공급 탄력성'을 반드시 기억하라!   72

   내재가치를 산출하는 공식   77

8. 재건축이 대세다!   88

   재건축 A to Z   91

   소규모 재건축의 분담금, 가치 계산법   92

   지분이 많은 것과 적은 것의 차이?   96

   재건축의 수익분석을 마스터하라   98

PART 02
서울, 수도권 집을 사려면 대지가치를 고려하라

1. 입지의 가치가 곧 대지가치   106
입지를 고려할 때 중요한 키워드 – 일조권, 용적률   107
서울은 뭐니 뭐니 해도 땅   109

2. 10년이면 강산이 변하고도 남는다   112
대지지분과 집값   113
10년 만에 강산이 변했다   114
아찔한 경험   116

3. 땅값과 허당의 간극을 메워라!   119
등기상의 대지지분 믿지 마라, 가끔은 허당이다   121

4. 대지가치 실전 분석 사례   123
초보 투자자 울린 대지가치   125
소규모 재건축 가치분석 사례   126
빌라의 대지가치는 어떻게 다를까?   129

PART 03 내재가치로 건물을 스캔하라

1. 건물가치를 파악하면 투자도 승리한다   138
   공부상으로 건물면적을 확인하는 방법   139
   깡통 차지 않으려면 깡통에 주의하라!   141

2. 아파트의 내재가치를 알면 백전백승!   144
   아파트의 내재가치 실전 사례 – 은평구, 서대문구   146
   아파트의 내재가치 실전 사례 – 마포구 망원동   148

3. 강남의 재건축 아파트는 내재가치 끝판왕?   150
   재건축 수익성 분석하기   152

4. 아파트 비켜! 아파트 못지않은 빌라의 등장   158
   아파트보다 나은 빌라의 출현   158

5. 빌라의 내재가치 입문 백서   162
   나는 아파트인가요, 빌라인가요?   162
   망원역 5분 거리 역세권 빌라의 내재가치는?   164
   신축 빌라의 내재가치   165
   최근 매매된 소형 빌라의 가치분석   167

6. 내재가치의 다양한 투자 사례 들여다보기   170
   '통매매'에도 장단점이 있다!   170
   내재가치가 비슷할 때는 어떻게 해야 할까?   172

PART
04

내 집을 싸게 사는 최고의 방법

1. 집의 진짜 가치를 우리는 제대로 알고 있나? 180
가치를 찾는 연습을 하면 진짜와 가짜를 구별할 수 있다! 184

2. 다주택자 프레임은 위험하다 186
우리나라의 부동산 실정은 어떤가? 188

3. 마법을 일으키는 씨앗에 투자하라 192
대지를 평당 10분의 1 가격에 사라 194

4. 내 집 마련에 필요한 모든 것 195
이사는 가고 싶고, 돈은 없고? 196
내 집 마련, 이렇게 했어요 197

5. 투자의 기본 원리를 알면 내 집 마련은 식은 죽 먹기 199
한강이냐, 역세권이냐? 그것이 문제로다! 199
주택 공급의 탄력성과 집값의 상관관계 201

6. 부동산에도 분명한 트렌드가 있다! 204
나만 왜 자꾸 거꾸로 갈까? 206

7. 적정한 주택가격으로 부동산 시장을 전망하다 208
주택을 전망이론으로 전망할 수 있을까? 210

8. 나도 내 집의 진짜 주인이 될 수 있다! 213

| 에필로그 | 부동산 입문자에게 당부하고 싶은 말 216

집을 싸게 사려면 내재가치를 마스터하라!

1;

부동산 투자의
본질을 파악하자

투자의 본질은 무엇일까요? "난 이번에 생기는 신도시 아파트에 투자할 거야!", "내 친구가 가상화폐에 투자했는데 나도 큰마음 먹고 투자할까?"라고 여기저기서 말들은 하지만, 정확하게 투자의 목적을 알고 하는 사람은 드뭅니다. 다만, 투자하면 이익을 얻을 것이라 막연하고도 과도한 기대를 하곤 하죠. 하지만 어디 인생이 그렇게 호락호락하던가요? 쉽게 생각하고 덤볐다간 큰코다치기에 십상입니다.

투자의 본질은 이익에 앞서 '투자 원금'을 보전하는 게 우선입니다. 많은 사람이 이 중요한 사실을 간과하고 있습니다. 손해 보지 않는 것이 투자의 첫 번째 미덕이 되어야 하고, 수익을 많이 남기는 것은 그 두 번째입니다.

집도 마찬가지입니다. 집을 사서 이익을 내는 것도 중요하지만, 손해를 보지 않는 게 가장 중요합니다. 이익은 그다음 문제입니다. 집을 사는 행위에서 손해를 보지 않으려면 어떻게 해야 할까요? 우선 집을 싸게 구입하는 게 핵심입니다. 집을 싸게 구입하려면 무엇보다 집의 '내재가치'를 제대로 파악해야 합니다. 그렇다면 어떻게 집의 내재가치를 알아낼수 있을까요? 거기에는 일종의 공식이 있고 수많은 사례가 있습니다.

제가 이 책을 쓰게 된 계기가 있습니다. 최근 들어 내 집 마련을 위해 애를 쓰는 젊은 세대들의 고민을 많이 접하게 됩니다. '영혼을 끌어모아서 집을 산다'라는 개념인 '영끌족'이 우후죽순 생겼죠. 그러한 현상을 지켜보며 부동산 전문가로 오랜 시간 살아온 저는 착잡한 마음이 들었습니다. '어떻게 하면 저 젊은이들에게 부동산에 대해 제대로 알려줄수 있을까?', '어떻게 하면 제대로 된 집을 싸게 살 수 있는 방법을 알려줄 수 있을까?' 이런 고민이 제 안에서 스멀스멀 올라왔습니다.

내 집 마련은 감이나 본능으로 해서는 안 됩니다. '사람들이 저 동네 아파트를 많이 사니까 나도 해야지!', '지금 아니면 집을 살 수 없을지도 몰라! 빨리 자금을 마련해야 해!' 이런 생각으로는 절대 제대로 된 내 집 마련을 할 수 없습니다. 무리하지 않는 한도 내에서 합리적이고 이성적인 고민 끝에 집을 구입해야 합니다.

제대로 된 내 집 마련, 제대로 된 재테크를 하려면 기법을 익히고 트렌드를 분석하는 노력이 수반되어야 합니다. 거품이 잔뜩 낀 집은 엄청난 리스크가 있습니다. 부풀 대로 부풀어서 금방이라도 터질 것 같은 풍선을 생각하시면 됩니다. 조그만 충격에도 언제 어디서 터질지 모르는 풍선, 생각만 해도 두렵지 않으신가요?

집의 거품을 알려면 지나온 역사를 공부해야 합니다. 부동산 투자에도 일종의 사이클이 있습니다. 트렌드를 분석하다 보면 '역사는 돌고 돈다'라는 사실을 깨닫게 됩니다. 거기에는 인간의 심리도 작용합니다. 우리는 쳇바퀴 돌 듯 돌아가는 투자의 역사와 인간의 본능, 심리를 분석해 거품이 낀 집을 피할 방도를 찾으면 됩니다.

원금 보전의 법칙을 유지하라!

이 세상에 똑같은 집은 없습니다. 사람의 생김새가 다 다르듯, 집도 모양이 다 다릅니다. 설사 똑같이 생긴 빌라나 타운하우스라고 할지라도 위치와 방향이 다릅니다. 하다못해 창문과 현관의 위치도 다 다르죠. 안의 인테리어를 보면 더 그렇습니다. 집은 그 집에 거주하는 사람에 따라 여러 모양새를 갖추곤 합니다.

모든 부동산에는 자기만의 가치가 있습니다. 사람도 자기만의 고유의 특성, 가치가 존재하듯이 말이죠. 부동산이 가진 고유의 가치를 우리는 '내재가치'라고 부릅니다. 하나의 부동산에는 하나의 내재가치가 존재합니다. 각각의 부동산에는 각각의 내재가치가 부여되겠죠.

내재가치의 힘은 실로 엄청납니다. 내재가치 하나로 집값이 좌지우지됩니다. 하나의 강력한 중심축이라고 보시면 됩니다. 이 내재가치를 영국의 정치·경제학자인 애덤 스미스(Adam Smith)는 '자연가격', '중심가격'이라고 했습니다. 모든 상품은 각종 우연한 사건에 의해 오르기도 하고 내리기도 하는데, 그 중심에 내재가치, 즉 자연가격이 있고 중심가격으로 회귀하려는 속성이 있다는 뜻입니다.

부동산에서 내재가치를 아는 것은 얼마나 중요할까요? 내재가치를 제대로만 안다면 집을 싸게 살 수 있습니다. 집을 싸게 살 수 있다는 것은 나의 이익을 극대화할 수 있다는 뜻도 되겠죠. 전세를 비싸게 들어가서 괜히 깡통을 찰 우려도 없고, 집을 상투가격에 사서 집값이 도리어 떨어질까 봐 근심 걱정할 필요도 없습니다. 이렇게 내재가치가 중요한데도 대체로 사람들은 내재가치에 관심이 없습니다.

투자는 수익을 내는 것도 중요하지만, 손해를 입지 않는 게 가장 중요합니다. 이 중요한 명제를 사람들은 자주 잊어버립니다. 몇천 만 원 투자해서 몇억 원 벌 궁리만 하지, 원금을 잃을 수도 있다는 생각을 잘하지 않습니다. 우리나라뿐만 아니라 미국, 유럽 등의 선진국도 마찬가지입니다. 확실한 것은 내재가치 대비 격차가 크면 거품이 생기고, 그러면 집값은 어느 시점에 폭락할 수 있습니다.

전세보증금을 떼이는 사람의 대부분은 신축에, 엘리베이터가 있고, 편리한 주차장 등 집이 가진 겉모습에 현혹되어 허술한 정보를 검토도 제대로 하지 않은 채 투자한 경우가 많습니다. 외양만 신경 쓰다가 정작 중요한 집의 내재가치를 간과했기 때문에 이런 불상사가 생기는 것이죠.

또 공급의 탄력성을 무시하고 투자해도 실수가 생깁니다. 공급의 탄력성을 고려하지 않고 집을 사게 되면, 특히 빌라나 아파트의 경우는 회복하기가 쉽지 않습니다. 집의 내재가치와 공급의 탄력성만 이해하면 부동산은 거의 90% 마스터했다고 할 수 있습니다. 유튜브나 뉴스에서 떠드는 미래가치나 향후 집값 전망은 오히려 별로 중요하지 않습니다.

부동산에는 움직이는 공식이 있습니다. 공식의 핵심은 '심리'입니다. 인간의 본성인 탐욕과 투자 심리를 제대로 알기만 한다면, 부동산은 백전백승(百戰百勝)입니다. 반대로 잘 모른다면, 여지없이 백전백패(百戰百敗)겠죠. 특히 정부는 부동산 문제를 풀 때 인간의 심리부터 공부하고 정책을 펼쳐야 합니다. 심리를 읽었다면 민심을 읽을 수 있습니다. 민심을 읽는다면 지금 무섭게 오르는 집값도 제대로 잡을 수 있습니다.

혹자는 부동산 투자를 할 때 꼭 지켜야 하는 황금률로 '정부 정책에 맞서지 마라'라고 합니다. 더 중요한 다이아몬드율은 '시장에 맞서지 마라'입니다. 그 '시장'이라는 말에는 '민심'이 들어 있고, '민심'은 곧 '인간의 심리'를 뜻합니다.

투자에 성공한 사람의 대부분은 계산을 잘하는 수학가나 과학자가 아닙니다. 그들은 인문학에 조예가 깊은 사람들일 확률이 상당히 높습니다. 인간의 본성을 모르고 주식이나 부동산에 투자하는 것은 물고기가 어디에 몰려 있는지 모르고 낚싯대를 드리우는 초보 낚시꾼과 같습니다.

진정한 승리자는 누굴까?

대다수의 시장 참여자는 부동산이 오를 것으로 예측합니다. 그들이 그렇게 장담하는 이유는 공급의 부족, 즉 집이 모자란다는 것입니다. 그런데 '집이 부족하다'라는 증거는 과연 존재하는 것일까요? 이 질문에 제대로 대답할 수 있는 사람은 과연 몇이나 될지 궁금해집니다.

예측은 신의 영역입니다. 부동산 가격은 급격히 오르기도 하고 내리기도 하다가 결국 본연의 가치로 돌아옵니다. 부동산의 널뛰는 가격 흐름은 마치 술에 취해 비틀비틀 걸어가는 사람의 걸음걸이와 비슷하죠. 하지만 만취한 사람도 결국 자기의 집을 제대로 찾아가는 법입니다. 집도 똑같습니다. 집의 최종 목적지는 언제나 내재가치입니다. 시장에서 진정한 강자로 남는 사람은 예측을 자주, 그리고 잘 맞추는 사람이 아니라 내재가치로 무장해 적응한 사람입니다.

군중이 열광할 때는 보통 투자에서 가장 위험한 적신호가 켜질 때입니다. 그때는 한 걸음 물러서서 관망하거나 기다리는 자세가 필요하죠. 이러한 인내심을 가지는 것은 사실 어렵습니다. 장밋빛 전망이나 다른 사람의 솔깃한 투자 이야기에는 눈을 질끈 감고 귀를 닫아야 합니다. 그래야 내 손에 폭탄이 떨어지지 않습니다.

내재가치보다 고평가된 부동산은 언젠가는 평균으로 회귀합니다. 뉴욕대학의 교수이자, 국제경제학 박사인 누리엘 루비니(Nouriel Roubini)는 "미친 정책에 의해 미친 경제와 미친 거품이 탄생하는 것"이라고 말합니다. 사람들이 광기를 일으킨 후에는 반드시 집값은 본연의 내재가치로 돌아온다는 뜻입니다. 특히 단기간에 급격히 상승한 아파트는 아주 위험천만합니다.

부동산 투자의 만능열쇠

애덤 스미스는 《국부론》에서 "자연가격은 실제 가격이 그것을 향해 움직이는 중심가격이다"라고 하며 설명을 이렇게 덧붙입니다.

"자연가격은 모든 상품의 가격이 끊임없이 그것을 향해 끌려가는 중심가격(central price)이다. 각종 우연한 사건에 의해 상품의 가격이 이 중심가격보다 상당히 높게 유지될 수도 있고 때로는 그것보다 상당히 아래로 떨어질 수도 있다. 그러나 가격이 이 안정과 지속의 중심에 정착하는 것을 방해하는 장애물이 무엇이든, 가격은 끊임없이 자연가격을 향해 움직이고 있다."

이 말은 거래되고 있는 매매가격은 시장가격이지만 수시로 변동 가능성이 있고, 언제나 자연가격으로 회귀할 수 있다는 뜻입니다. 자연가격보다 집값이 높으면 거품이 많이 낀 것이고, 낮으면 그만큼 저평가된 것이겠죠. 책정된 매매가격은 대중의 심리와 수요와 공급의 차이로 일시적으로 정해진 가격일 뿐입니다. 절대적인 영원불멸의 가격이 아닙니다.

부동산을 매매할 때 내재가치를 제대로 아는 것은 시험장에서 문제와 해답을 동시에 알고 있는 것과 같습니다. 내재가치를 안다면 승자는 이미 정해진 것입니다. 즉, 부동산이나 주식 투자의 성공은 내재가치를 아는 데 있습니다. 그 사실은 부동산 매매를 할 때, 언제든 문을 열 수 있는 만능열쇠입니다.

정보 홍수 시대에 살아남는 법

다양한 SNS 채널, 수많은 정보서, 매일 수시로 바뀌는 뉴스들. 우리는 정보의 홍수 시대에 살고 있습니다. 내가 오늘까지 알고 있던 지식, 상식, 계획은 새로운 정보로 인해 폭포에서 떨어진 물처럼 흔적도 없이 사라지고 맙니다. 오늘까지 유용했던 정보가 하루아침에 쓸모없는 휴짓조각이 되는 것이죠.

그런데도 카페에서, 술집에서 지인과 나눈 이야기가 마치 유용한 지식이나 정보처럼 떠돌아 다니기도 합니다. 친한 친구가 투자 정보라도 일러주기라도 하면, "맞아! 나도 그거 알고 있었어!" 하면서 괜히 아는 척도 해봅니다. 아니면, "그거 어떻게 투자하는 건데?" 하면서 귀를 쫑긋 기울이기도 하죠.

군중은 우상을 쉽게 믿고 숭배하는 경향이 있습니다. 그렇게 해야만 괜히 안정감이 들고 한목소리를 내면서 과격한 행진을 한다는 쾌감을 느낍니다. 군중 속에 들어와야만 비로소 심리적 안정감을 느끼는 사람들이 제법 많습니다. 그때는 나의 개별적 이성보다 준거집단에 동조하려는 심리가 발동합니다. 나의 차가운 이성은 잠시 묻어두고 집단적 감성과 야성이 불타오르기 시작하죠.

　군중심리가 그래서 무섭습니다. '함께라면 무조건 좋은 것'이라는 명제가 머릿속에서 떠나질 않습니다. 그것이 죄악이든, 진리든 말이죠. 끝없는 탐욕과 함께 군중은 다 함께 거품 속으로 뛰어듭니다. 그리고 끝모를 추락을 동반하며 비참한 최후를 맞이합니다. '정신을 차리고 깨어보니 절벽이더라' 해봐야 소용이 없습니다.

　내일은 꿈을 갖고 인생을 설계하는 자들의 것입니다. 열정과 끈기는 돈보다 소중한 무기입니다. 내가 가진 개인의 정보 또한 소중합니다. 시간은 언제나 진리의 편에 선다는 것을 깨닫게 되는 순간, 지금까지의 비이성, 탐욕으로 점철된 무의식은 이성으로 회복됩니다.

　부동산 투자도 마찬가지입니다. 철저한 계획과 준비, 열정이 자본이 됩니다. 거기에 군중 속에서도 꿋꿋하게 버틸 수 있는 이성을 가지고 있어야 합니다. 때가 오기를 기다리면서 차분한 계획을 세워야 합니다. 그 핵심에 내재가치가 있습니다. 부동산 투자에 성공하고 싶으십니까? 그렇다면 집이 가진 내재가치를 찾아보십시오. 자세히 살피고 또 살펴보세요. 내재가치를 제대로 아는 순간, 여러분은 반드시 부동산 투자에 성공할 것입니다.

2;

투자의 역사는
반복된다

미국의 성공한 기업인이자 금융인인 레이 달리오(Ray Dalio)가 대학에 다닐 당시, 찰리 멍거(Charlie Munger)에게 투자에 관한 가르침을 요청한 적이 있었습니다. 찰리 멍거는 위대한 주식 투자가 워런 버핏(Warren Buffett)의 투자 동반자이자, 가치 투자의 대가입니다. 찰리는 "어떻게 하면 투자를 잘할 수 있을까요?"라는 레이의 질문에 "역사를 많이 읽고, 역사를 많이 읽고, 역사를 많이 읽어라"라고 대답했죠.

이처럼 세계적인 투자 대가들은 일찍이 '역사'에 주목했습니다. 그들의 서재에 경제학책보다 역사책이 더 많았다는 것은 시사점을 던져줍니다. 그만큼 부동산이나 주식의 투자는 역사가 반복된다는 의미가 있습니다. 부동산이든, 주식이든 투자의 흐름과 규칙은 별반 다르지 않습니다.

그들이 역사에 주목한 이유는 무엇일까요? 아무리 저평가된 부동산이나 주식에 투자한다고 하더라도 전체의 흐름을 읽어내지 못하면 평균적인 수익률에 머무를 수 없다는 것을 그들은 알고 있었습니다. 역사는 되풀이되는 특징이 있죠. 그 되풀이되는 역사를 만드는 것은 결국 사람입니다. 사람이 그렇게 역사를 만드는 것은 결국 심리에서 기인하는 이유가 가장 큽니다.

자, 인간의 심리가 불러온 거품 경제 사건을 살펴볼까요? 1636년 네덜란드의 튤립 파동, 1719년 프랑스의 미시시피 사건, 1720년 영국의 남해회사 사건, 이 세 가지 역사적인 사건에는 공통점이 많습니다. 인간의 본성이 저지른 이러한 역사적인 사건은 계속 반복되는 경향이 있죠. 하나씩 차근히 살펴보겠습니다.

꽃으로 살고 꽃으로 망하다 - 네덜란드의 튤립 파동

네덜란드의 튤립 파동은 한마디로 전형적인 투기 사건이라고 정의할 수 있습니다. 17세기 네덜란드에서 벌어진 과열 투기 현상으로, 최초의 거품 경제 현상으로 인정하는 사건이기도 합니다. 17세기 네덜란드는 황금시대였습니다. 수입된 지 얼마 되지 않은 터키 원산의 튤립이 큰 인기를 끌기 시작했습니다. 결국, 튤립에 대한 사람들의 기대심리가 높아져 사재기 현상까지 일어났죠. 미래의 어느 시점까지 예측해 특정한 가격에 튤립을 사고파는 선물거래까지 등장했습니다.

튤립은 뿌리 하나가 8만 7,000유로(약 1억 1,790만 원)까지 치솟는 기이한 현상까지 초래했습니다. 어떤 상인은 전 재산의 절반을 팔아 튤립 한 뿌리를 샀는데 투자가 아니라 친구들에게 순전히 자랑하고 싶어서 샀다고 합니다. 훈제청어와 함께 튤립 뿌리를 곁들여서 먹었다가 몇 개월 감옥살이한 선원도 있었는데, 황소 33마리를 반찬으로 한입에 털어 넣은 격입니다. 영국의 식물학자가 양파 같은 튤립 뿌리를 날카로운 칼로 분해하다 황소 30마리 값을 보석금으로 내고 풀려난 일도 있었습니다. 부유층이든, 중산층이든 많은 이들이 튤립에 미쳐 돌아가는 세상이었습니다. 많은 사람이 튤립의 가격이 계속 오를 것이라는 믿음으로 집과 땅을 헐값에 처분하고 튤립을 사들였습니다.

그러다 어느 순간, 튤립의 가격이 고점을 찍고 하락하기 시작했습니다. 당연히 겁을 먹은 사람들이 튤립을 팔겠다고 나서기 시작했죠. 결국, 거품은 펑 하고 터졌습니다. 일찍 튤립을 판 사람은 부자가 됐고, 못판 사람은 길거리에 나앉았습니다. 튤립 하나로 광풍이 몰아닥친 네덜란드는 한동안 정신을 못 차렸습니다. 인간의 탐욕의 끝이 어떤 것인지 꽃 하나로도 충분히 알 수 있는 사건입니다.

무지와 무분별한 투자가 불러일으킨 비극 - 프랑스의 미시시피 사건

프랑스의 미시시피 사건은 어땠을까요? 이 사건은 권력이 바람을 넣고, 국민이 그 바람을 키운 사건으로 기억되고 있습니다. 미시시피 사건은 18세기 초반에 북아메리카에 식민지를 건설한 프랑스가 미시시피강 주변에 개발 무역 계획을 세우면서 벌어진 사건입니다.

당시는 프랑스 국왕 루이 14세가 1715년에 죽자, 증손자 루이 15세가 일곱 살의 나이에 왕위를 계승하게 됐고, 오를레앙공 필리프 2세가 섭정을 하던 시기였습니다. 죽은 루이 14세가 벌인 전쟁으로 프랑스는 과도한 채무에 시달리고 있었죠. 국가 재정은 사실상 파산 상태였습니다.

왕이나 다름없는 실세인 오를레앙은 친분이 있는 스코틀랜드 출신인 존 로를 통해 재정 문제를 해결하려고 했습니다. 존 로는 머리가 좋은 사람이었지만 허영심이 많고 자제심이 부족한 사람이었죠. 그의 꿈은 다른 데 있었습니다. 존 로는 프랑스 식민지인 북미 루이지애나 지역을 포함한 미시시피강 유역에 대한 무역독점권을 가진 회사를 설립해 떼돈을 벌 궁리를 하고 있던 차였습니다.

문제는 프랑스 사람들이 존 로가 하면 다 성공하리라 믿었다는 데 있습니다. 미시시피 회사에 대한 투기 심리가 프랑스 국민 사이에 팽배하기 시작했습니다. 주식 수익률 연 120% 보장을 약속하자 투기 광풍은 더 가속화됐죠. 주가가 몇 시간 만에 10~20%씩 오르는 일이 반복되었습니다.

어느 부자가 병에 걸리자 하인에게 미시시피 회사 주식 250주를 주당 8,000리브르(livre)에 팔고 오라고 했습니다. 그런데 하인이 거래소에 도착해보니 그사이 1만 리브르로 올라 있었습니다. 하인은 주인에게 200만 리브르를 돌려주고 50만 리브르를 챙겨 다른 나라로 떠났습니다.

이렇듯 이 미시시피 계획으로 인해 프랑스는 격변과 혼란의 시기를 겪었습니다. 파리 인구가 30만 5,000명이나 늘어나고, 강도 사건이 자주 벌어졌으며, 각종 생필품의 가격과 임금이 급격히 올랐습니다. 신축 건물도 그사이 많이 늘어났습니다. 미시시피 계획이 잘 진행되고 있다는 것을 보여주기 위해 걸인 등을 동원해 농기구를 들고 시가행진하는 쇼도 해야 했습니다.

하지만 정점을 찍으면 언젠가는 내려가는 법입니다. 미시시피 계획은 아무런 수익도 내지 못하고 배당금만 나가는 악순환이 반복되다가 결국 곪아 터지게 됩니다. 전망만 그럴싸했지, 실적은 전무한 회사였다는 것을 알게 된 사람들이 하나둘 이탈하면서 주식을 처분해 외국으로 돈을 빼돌리기 시작했습니다. 존 로는 살해 위협과 협박 속에서 살다가 외국으로 탈출해 베네치아에서 생을 마감했습니다.

근대 유럽이 만든 특권 회사 - 영국의 남해회사 사건

남해회사는 1711년에 영국이 설립한 특권 회사입니다. 아프리카의 노예를 스페인령 서인도 제도에 수송하고, 이를 통해 이익을 얻으려는 목적으로 설립된 회사입니다. 남해회사는 당시 위기에 빠진 영국의 재정을 회복하기 위해 설립됐습니다. 영국은 프랑스, 스페인과의 오랜 전쟁으로 엄청난 빚에 시달리고 있었죠. 탈출구가 필요한 시점에 프랑스가 벌이는 미시시피 계획에서 영감을 얻어 고안해낸 회사입니다. 부실한 채권과 증권의 일부를 강제로 남해회사의 주식으로 전환시켜 국고 지원과 남해 무역을 통해 이윤을 창출해 이자를 지급하고 채무를 해결하려던 것이 주목적이었습니다.

1720년 4월 7일, 남해회사의 법안이 통과된 날의 주식값은 기본 100파운드에서 330파운드로 올랐습니다. 그 뒤에 주식은 오르락내리락하면서 5월 29일 500파운드, 6월 초에는 890파운드, 8월 초에는 1,000파운드까지 오르는 기염을 토했습니다. 이때가 바로 상투인 셈이었죠. 투자자들은 계속 오를 것이라는 기대감으로, 애국심으로 투자를 계속했습니다. 알렉산더 포프(Alexander Pope), 조너선 스위프트(Jonathan Swift), 아이작 뉴턴(Isaac Newton) 등과 같은 유명 인사들도 투자에 나설 정도였습니다.

게다가 영국의 왕인 조지 국왕이 몸소 10만 파운드를 투자하자 사람들의 신뢰와 기대감은 크게 올랐습니다. '설마 국왕이 투자한 회사가 망하겠어?' 이런 심리가 팽배했던 것이죠. 세계적인 과학자이자 계산의 천재 아이작 뉴턴도 본인의 예금 대부분인 7,000파운드를 투자했습니다. 그러다 내릴 수 있다는 생각에 두 배의 수익을 챙기고 처분했죠.

하지만 보통의 시민들은 뉴턴처럼 재빠르지 못했습니다. 시골 농부가 평생을 모은 돈을 투자하는 등, 전 국민의 국민주 열풍이 불기 시작하면서 유사 상품인 회사들도 우후죽순 생겨났습니다. 회사만 설립하면 무슨 회사인지 잘 알아보지도 않고 투자하는 '묻지 마 투자' 열풍이 불자 결국 영국 의회는 1720년 거품방지법을 제정하기에 이릅니다. 즉, 나라의 허가가 없으면 회사 설립을 할 수 없게 만든 법률이었죠.

그런데 문제는 엉뚱한 데서 발생했습니다. 사업 자체가 금지되자 돈이 필요한 사람들이 남해회사의 주식을 팔면서 주가가 내려가기 시작했습니다. 아이작 뉴턴도 자신의 계산보다 군중심리에 휩쓸려 전 재산을 끌어모아 2차 투자 후, 2만 파운드를 잃고 투자 노이로제가 걸릴 정도였다고 합니다. 그러면서 "나는 천체의 움직임은 계산할 수 있어도 인간의 광기는 가늠할 수 없다"라는 유명한 말을 남겼죠.

'영국' 하면 신사의 나라, 예의와 품격이 있는 민족이라고 알고 있지만, 그들도 돈이라는 광기 앞에서는 신사의 옷을 벗어 던지고야 말았습니다. 이웃이 옆에서 큰돈을 버는데 가만히 평정심을 유지할 수 있는 사람은 그리 많지 않습니다.

광기는 모든 지각능력을 상실하게 만듭니다. 아무리 앞을 내다보는 능력이 있고, 사업의 허점이 보인다고 할지라도 광기 앞에서는 무용지물입니다. 그것이 인간의 본성이자 동물적인 집단 본능입니다. 뉴턴은 허점을 보고 진즉에 주식을 팔아 배의 이익을 챙겼지만, 다른 사람들이 벌어들인 돈에 비하면 너무나 허망해 이성을 상실했다고 한탄했습니다.

남해회사는 왕도 속고, 과학자도 속고, 전 영국 국민이 속은 대대적인 거품 사건입니다. 범인은 누구일까요? 바로 인간의 무한한 욕망입니다. 인간의 욕망은 이렇듯 역사 속에서 돌고 돌면서 우리의 판단을 흐리게 만듭니다.

　부동산 투자를 하려면 역사를 바로 봐야 합니다. 역사를 모르면 거품을 헤쳐나갈 능력이 없습니다. 우리는 이 세 가지 사건을 통해서 인간의 욕망을 바로 볼 수 있습니다. 그리고 내재가치의 중요성을 또 한 번크게 깨닫게 됩니다.

부동산 투자 STORY

우상 숭배와 집값 거품

우상 숭배와 집값 거품에는 공통점이 있습니다.

1. 아침 안개와 같습니다.
2. 쉽게 사라지는 이슬과 같습니다.
3. 타작마당에서 광풍에 날리는 쭉정이와 같습니다.
4. 굴뚝에서 나가는 연기 같습니다.

곧 사라질 것들이며, 껴안고 있을수록 손해인 것들입니다.

어느 날, 수술한 의사가 수술을 마치고 나오면서 보호자에게 말합니다.

"수술은 성공리에 잘 마쳤습니다."

보호자가 안도의 한숨을 쉬고 조금 있으니 수술을 보조한 의사가 아주 슬픈 얼굴을 하면서 말했습니다.

"환자는 이제 막 사망하셨습니다."

부동산 거품은 이와 같습니다. 매입하고 나면 얼마간 조금은 오릅니다. 거품은 보이지 않게 꺼집니다. 매도할 기회를 갖기 어렵습니다. 거품이 있는지 지금의 내재가치로 확인해야 합니다.

내가 알고 있는 자료들이 사실인지 정확히 아는 것은 의사가 병명을 정확히 아는 것과 같습니다.

3;

대세를 알면
내재가치도 보인다!

"땅값은 집값보다 약 3배 더 오른다"라는 말이 있습니다. 정말 그럴까요? 이 말은 통계적인 이야기에 지나지 않습니다. 결론부터 말씀드리면, 땅은 부동산 경기에 따라 선제적으로 움직인다는 것입니다. 경기가 좋을 때는 높은 가격으로 매입해도 많은 이익을 남길 수 있습니다.

예를 들어볼까요? 지금 100평의 땅을 평당 5,000만 원(주변 대지 평당 시세 3,000~3,500만 원)에 사서 12.5평형 빌라나 나홀로 아파트를 20가구 지어 약 80억 원의 분양 수입을 올리면, 건축업자는 대략 15억 원의 이익이 생깁니다(취득이나 분양비용 미계상 시). 이렇게 건축업자가 이익을 챙긴다면, 계속해서 땅을 더 비싼 가격으로 사들이겠죠.

반면 부동산이 불경기에 접어들면, 건축업자는 시세보다 싼 값으로 땅을 사고 싶어 할 것입니다. 분양이 불확실해지면 건축업자의 수익도 불확실해지기 때문입니다. 이런 흐름이 몇 번 지속하고 되풀이되면 건물의 가치는 뚝 떨어집니다. 건물은 가치가 하락하는 반면, 대지의 가치는 계속 오르기 때문에 생기는 결과입니다. 1945~2008년까지의 영국의 집값을 분석해보면 이러한 사실을 더 자세히 알 수 있습니다. 땅값이 15배 오르는 동안 집값은 5배 오르는 데 그쳤습니다. 집값보다 땅값이 더 오르는 경향이 있다는 것을 실증적으로 보여준 사례입니다.

이러한 역사적 실증을 근거로, 우리는 투자의 방향성을 설정할 수 있습니다. 느리게 상승하고 있는 일부 저평가된 빌라는 내 집을 마련하려는 사람에게 또 다른 기회로 작용할 수 있습니다. 신축한 지 5년 이상된 빌라는 내재가치 대비 저평가된 물건들이 많기 때문입니다.

땅값은 경기가 좋을 때는 계단식으로 오르는 경향이 있습니다. 이는 신축 아파트와 신축 빌라를 선호하는 사람들의 요구와도 무관하지 않겠죠. 우리는 이러한 흐름이 지속되는 것을 '자전거 조업(계속 페달을 밟아야 가능한 일)'이라고 하는데, 잘 굴러가던 자전거도 언젠가는 멈추게 됩니다. 아시겠지만 일본은 1991년에, 미국은 2008년에 페달이 멈췄었고, 이와 유사한 경험을 한 나라들이 많이 있습니다. 우리는 그때를 잘 살피고 미리 파악하고 있어야 합니다. 자전거가 달릴 때와 멈출 때를 아는 것, 즉 대세를 읽을 줄 알아야 합니다.

버핏의 담배꽁초 투자

여러분은 '투자 기피 물건'이란 말을 들어본 적 있으신가요? 투자 기피 물건이란, 말 그대로 투자하고 싶은 마음이 썩 들지 않는 부동산을 뜻합니다. 집이 곧 무너질 것처럼 허름하고, 지붕에 구멍이 나서 임시 방편으로 비닐을 씌운 집, 상상이 가시나요? 화장실은 너무 멀어 밤에도 쉽게 갈 수 없고, 겨울에는 수도가 동파되거나 여름에는 비가 줄줄 새는 집, 어떠신가요? 생각만 해도 끔찍하지 않습니까? 그런데 이런 투자 기피 물건에 선뜻 투자하는 용기 있는 사람이 있습니다. 그들은 왜 좋은 물건보다 투자 기피 물건에 투자할까요? 거기에도 또 하나의 대세가 있습니다.

다음과 같은 투자 정보를 가진 물건이 있었습니다. 대지지분 4.5평에 방 1개, 다락방 1개, 싱크대 구조를 갖추고 화장실은 공용인 연립주택입니다. 세를 놓기는 어려웠고 보증금 1,000~3,000만 원, 월세는 10~15만 원입니다. 대출은 3,000~4,000만 원이 가능했습니다.

설상가상으로 재건축 중에 시공사의 부도로 건물은 방치되고, 향후 재건축이 불가능하다고까지 소문난 상태입니다. 몇천만 원 묻어둔다는 관점이라면 투자가 쉬울 수는 있습니다. 하지만 사람들은 외관을 더 중시하는 경향이 있기 때문에 결코 투자가 쉬운 물건은 아니었습니다.

2016년도의 투자 관점

(단위 : 100만 원)

평형	세대수	분담금 예상	입주 시 예상가격	2016년 지분 내재가치	2016년 지분 거래가격	현재 시세
13	40	117	300	135	65~82	450
20	64	230	420	135	"	680
21	45	238	430	135	"	700

    총투자금은 평균 매매가격 6,000만 원에 분담금을 더한 것이 전부입니다. 이주비와 중도금 무이자 대출을 고려하면 투자금이 거의 없는 안전한 재건축이기도 하죠. 매매가격도 내재가치의 절반 수준이지만 미래가치는 투자금의 몇 배를 상회하는 물건입니다. 입주 시 전세 시세가 총투자금을 초과하고, 2021년 8월 기준, 13평형이 3억 5,000만 원, 20평대는 4억 5,000만 원입니다.

    앞의 사례를 보듯, 부동산 투자는 흘리고 지나가는 정보를 다시 분석하고 재가공하는 일입니다. 버핏의 멘토인 찰리 멍거는 가치 투자의 정의를 "잘못 매겨진 가격을 찾는 것"이라고 정의했습니다. 무심코 흘린 정보를 다시 돌아보는 것이 투자고 기회라는 것입니다.

    대중이 선호하는 것은 누구나 따라 할 수 있습니다. 투자에서 대세를 읽는다는 것은 선호하는 흐름만 보라는 뜻이 결코 아닙니다. 사람들이 기피하는 것, 외면하는 것, 흘려보내는 것을 찾으려면 먼저 대세를 파악할 줄 알아야 합니다.

월가의 가치 투자 대가인 워런 버핏은 이러한 투자 방식을 '담배꽁초 투자 기법(Cigar-butt investing)'이라고 지칭했습니다. 그는 이 방식의 투자로 주식에서 상당한 재미를 봤습니다. 큰 부자가 되기에는 미흡할 수도 있겠지만 원금 이상을 보존하면서 가끔 짭짤한 수익을 올린 알짜배기 투자 기법입니다.

누군가 피우다 버린 담배꽁초는 무심코 지나치기 일쑤입니다. 그 꽁초가 설마 투자 대상이 될 거라고 우리는 감히 상상을 못 할 수도 있습니다. 하지만 대세를 읽는 눈과 귀가 있다면 남들이 거들떠보지 않는 기피 물건에서 투자의 재미를 짭짤하게 볼 수 있습니다.

아파트와 빌라의 가격 흐름은 어떻게 다를까?

젊은 영끌족의 고민은 '아파트냐, 빌라냐, 그것이 문제로다!'라고 합니다. 무리해서라도 제대로 된 아파트를 구입할 것이냐, 현실과 타협해서 빌라를 선택할 것이냐 기로에 선 사람들이 많습니다. 자, 여기 하나의 사례를 살펴볼까요?

거래연도	아파트	빌라	비고
2015년	마포구 망원동 소재 23평형 내재가치 : 4억 6,000만 원 실거래가격 : 4억 1,000만 원 거래가율(실거래 / 내재가) : 89%	마포구 망원동 소재 23평형 내재가치 : 3억 6,000만 원 실거래가격 : 3억 1,500만 원 거래가율 : 88%	대지 기준가 : 1,800만 원 2003년 준공
2021년	내재가치 : 6억 3,000만 원 실거래가격 : 8억 원 ※거래가율 : 127%	내재가치 : 5억 400만 원 실거래가격 : 4억 4,000만 원 ※거래가율 : 87%	대지 기준가 : 3,000만 원

앞의 표를 살펴보면, 아파트와 빌라 모두 23평형대로, 마포구 망원동 소재인 것을 알 수 있습니다. 2015년에는 거래가율이 각각 89%, 88% 로 비슷했는데, 2021년에는 무려 40%(127-87%)의 차이가 발생했습니다. 왜 이런 일이 생긴 것일까요?

2015년은 부동산 리스크 우려로 거래가격이 저평가됐던 해입니다. 특히 2017년 들어서 수도권 공급과잉, 입주 물량 과다로 부동산이 향후 폭락할 수 있다는 그럴싸한 유언비어가 난무했습니다. 겁에 질린 사람들이 집을 팔았고 매매대금과 전세금이 비슷한데도 위험부담이 있다는 이유로 집을 사는 데 망설이던 해였습니다.

2015년은 조정기의 끝부분에 해당하는 해로, 조정기가 너무 오래 지속하면서(2009~2015년) 내재가치에 비해 낮은 거래가율이 시장에 형성됐습니다. 물론 더 낮게 책정된 거래가격도 수두룩했습니다.

집이 원가(내재가치)보다 싸게 매매되므로 미분양이 속출하게 되고, 이는 더 낮은 가격으로 부동산이 떨어지는 악순환이 반복됩니다. 집을 팔려는 사람들은 '조금만 버텨보자' 하다가 매매시기를 놓치게 되기도 하죠. 대지가치가 크게 변하지 않는 이상, 빌라는 내재가치가 100% 이상 상승할 가능성이 크고, 아파트는 반대로 내재가치가 하향 접근할 가능성이 상당히 큽니다.

그렇다면 아파트와 빌라의 거래가율이 40%나 차이가 나게 된 이유는 무엇일까요? 대체로 아파트는 빌라보다 앞서서 가격이 상승하는 경향이 뚜렷합니다. 물론 거래 상승도 주도하죠. 사람들의 투기 심리가 강하게 작용하면 물건값을 책정하는 데 비이성적 판단이 팽배해집니다. 같은 23평형대인데도 아파트가 빌라보다 가격이 높게 책정된 이유에는 그런 비이성적 판단도 크게 한몫합니다. 만약 아파트 붐이 꺼지게 되면 어떻게 될까요? 당연히 저평가된 빌라 위주로 빌라 붐이 또 일어나게 되면서 빌라만 투자의 대상으로 변모할지도 모릅니다.

한 가지 또 살펴볼 부분이 있습니다. 마포구 중에서도 망원동은 타지역에 비해 실거래가격이 낮게 책정된 곳이었습니다. 그럼에도 이렇게 거래가율이 많이 차이가 나게 된 이유는 정부의 조정지역 지정과 양도세 중과로 공급이 차단되면서 거래도 일시적으로 차단된 영향이 큽니다. '부동산의 대세를 읽는다'라는 것은 이렇게 '정부의 정책에도 촉각을 곤두세워야 한다'라는 말과 같은 말이기도 합니다.

대세의 흐름을 읽으면 단기 투자에 유리하다

투자를 말할 때 종종 '나무'와 '숲'이라는 단어가 자주 등장합니다. 나무는 '단기 투자'를, 숲은 '장기 투자'를 뜻하기도 하죠. 또 다른 표현으로 '세세한 그림', '큰 그림'이라고도 합니다. 표현은 다 다르지만, 뜻은 같습니다.

부동산이든, 주식이든 투자의 기본은 같습니다. 숲, 장기 투자, 큰 그림은 장기적이고 안정적인 투자를 말하고, 나무, 단기 투자, 세세한 그림은 단기간에 더 많은 수익을 낼 수 있다는 장점이 있습니다.

부동산에서 단기간에 고수익을 내는 상품이 있다면 그것은 상승기 초입의 상품입니다. 그 좋은 예가 바로 분양권이죠. 분양권 투자는 많은 정보가 필요 없고 거래도 간단한 편입니다. 특히 세금 측면에서 유리하게 작용해 투자 수익이 높은 편이었습니다.

분양권이 규제되고 물건이 없으면 아파트가 대타로 등장합니다. 아파트 역시 분양권과 마찬가지로 상품과 종류가 다양해 비교하기도 쉽고 거래도 간편합니다. 그런데 이 아파트가 또 규제되면 재건축·재개발 물건이 그 대용으로 등장합니다. 이들 역시 시장에 나오는 대로 팔리는 인기 물건이라 투자자들이 선호합니다.

잘 팔리는 물건은 사람들, 즉 투자자들이 선호하는 물건입니다. 잘 팔리는 물건이 시장을 주도하고 부동산 시장을 좌지우지합니다. 이런 시장이 마감되는 시점에는 그동안 시장에서 저평가됐던 물건들이 거래되기 시작합니다. 그 예로, 다세대 빌라, 연립주택 등이 있습니다. 이들의 등장은 내재가치 대비 고점을 찍어 전체적인 조정 장세가 이루어진다는 신호입니다. 즉, 내재가치로 환원된다는 뜻과도 같습니다.

부동산의 흐름은 시기별로 종류가 달라집니다.

분양권 → 신축 아파트→ 기존(재고)아파트→ 재건축 소재(아파트, 빌라)→ 빌라

이런 형태로 부동산 시장의 매매가 주도된다는 것은 정부의 정책이 깊이 시장에 관여됐다는 것을 방증하기도 합니다. 정부의 정책이 인간의 본성과 심리를 무시하면 서서히 역효과가 시장에서 나타납니다. 부동산 투자를 잘하려면 그 역효과가 어디서 나타나는지 지켜보고 있다가 잘 활용해야 합니다.

내재가치를 파악해 저평가된 물건을 찾는 것은 장·단기 투자 모두에 유리합니다. 그 이유는 계속 이야기하고 있지만, 부동산은 내재가치를 기준으로 움직이기 때문입니다. 그것을 증명하는 것이 바로 부동산의 역사이고, 우리는 그 안에서 투자의 기법을 파악할 수 있습니다. 지나온 세월에서 알짜 같은 교훈을 못 찾는다면, 투자의 실패는 계속될 수밖에 없습니다.

4;

군중심리에서
엿보는 내재가치

프랑스의 심리학자 구스타브 르 봉(Gustave Le Bon)이 1895년 출간한 《군중심리》는 집단의 성향과 심리에 대해 언급한 책입니다. 투자자나 정치인, 특히 권력지향적인 사람이라면 한 번쯤은 읽어봐야 할 명저이죠.

'군중심리'를 국어사전에서는 어떻게 해석하고 있을까요? 국어사전에서는 '많은 사람이 모였을 때 자제력을 잃고 쉽사리 흥분하거나 다른 사람의 언동에 따라 움직이는 일시적이고 특수한 심리상태'라고 나와 있습니다. 경제용어로는 '정보를 가지고 있지 않은 상태에서 오로지 다수의 사람이 하는 선택을 따라 하는 현상'이라고 정의하고 있죠.

군중심리를 언급할 때 주로 사용되는 표현들은 다음과 같습니다.

'군중은 항상 무의식에 지배당한다.'

'군중은 쉽게 영웅도 되고 범죄자도 된다.'

'의식을 가진 개성은 감춘다.'

'군중에게 축적되는 것은 어리석음이지 지적 능력이 아니다.'

'군중은 이성적으로 추론하지 않는다.'

'이성, 그것은 군중에게 아무 영향도 미치지 않는다.'

'군중은 이성적 사유를 하지 못하고 갑작스러운 확언과 권위, 위엄을 좋아하는 경향이 있으며 감정적이다.'

'군중은 비이성적인 것이 차지하는 자리다.'

어떤가요? 동의하시나요? 우리는 대체로 군중 속에 들어가면 안정감을 느낍니다. 군중에 동참하지 않으면 불안감을 느끼기도 하고, 군중에 참여한 대가로 무언가를 보상받으려는 심리도 작용합니다. 이러한 현상은 우리의 이성을 종종 마비시키기도 하며 과격한 행동을 불러일으키기도 하죠. 한번 작동한 군중심리는 멈추기가 쉽지 않습니다. 집단화된 행동과 의식은 위험한 결과를 가져오기도 하며, 사회의 독으로 작용하는 경우도 꽤 많습니다.

군중심리는 한번 방향이 정해지면 한 방향으로 무조건 같이 뜁니다. 그렇게 되면 개인의 이성이 진리에 가깝더라도 무시되기 일쑤죠. 집단이 내린 결과가 비록 범죄라고 할지라도 군중은 기꺼이 따릅니다. 따라서 다분히 왜곡되거나 커다란 실수를 범할 가능성이 상당히 커집니다.

부동산 투자와 관련한 군중심리에는 무엇이 있을까요?

'집값이 더 오르기 전에 집을 사야 한다.'
'소액 투자로 일확천금을 노리자.'
'공인중개사 1년에 몇 건만 계약해도 먹고산다.'
'1가구 1주택 국가 실현이 복지국가와 집값 안정으로 가는 길이다.'
'다주택자는 투기의 주범이고, 사회악이다.'

위의 표현에서 자유로울 수 있는 개인이 과연 얼마나 있을까요? 그만큼 부동산 투자에서도 군중심리는 커다란 영향력을 행사하고 있습니다. 군중심리는 어찌 보면 허상과 같습니다. 혼란한 군중심리에서 우리는 이성을 회복해야 합니다. 줏대 있는 나 자신으로 돌아와 더 이상의 투자 손실과 실수를 줄여야 합니다.

투자는 군중 속에 있을 때 안전한 것이 아니라 위험할 수 있습니다. 자칫 모든 것을 잃을 수도 있겠죠. 길을 건너는 사슴은 자동차 불빛이 저 멀리서 달려오면 빨리 피해야 합니다. 빛을 바라보고만 있으면 죽을 수밖에 없습니다.

장어 치어의 추억

1970년대 초, 제가 어릴 적의 일입니다. 그 당시, 조그마한 농촌 주택에 살았는데, 크기는 작은 집이었지만, 대문이 커서 부모님 몰래 하는 밤 외출이 쉽지가 않았습니다. 또래 친구들이 밤마다 집에서 5분 거리인 바다로 장어 치어를 잡으러 나가는데, 저는 부모님 허락 없이는 절대 밖으로 나갈 수가 없었습니다.

그러던 어느 날, 부모님이 함께 장어 치어를 잡으러 가자며 저를 데리고 나가셨습니다. 저는 뛸 듯이 기뻐하며 장어 치어를 잡는 상상을 했습니다. 그 당시 장어 치어는 값이 꽤 나가는 생선이었습니다. 그다지 돈벌이가 없는 농촌에서는 짭짤한 부수입이었죠.

어디에서 누구는 실뭉치 같은 장어 치어를 많이 잡아 떼돈을 벌었다는 소문도 돌았습니다. 부푼 꿈을 안고 장어 치어를 잡으려 노력했지만, 불행하게도 단 한 마리도 잡을 수가 없었습니다. 그리고 주변에서도 장어 치어를 잡았다는 사람을 본 적이 없었고요.

그런데 희한한 것은 장어 치어를 잡지 못한 사람들의 입에서 불평이 쏟아지지는 않았다는 것입니다. 돈을 벌 수 있다는 희망 때문이었을까요? 마을 사람들은 제법 재미있게 장어 치어를 잡으러 다녔습니다. 군중심리에 이끌려 우르르 바닷가로 갔지만, 도리어 좋은 추억만 쌓았다는 생각이 지금도 듭니다.

그런데 지금은 어떨까요? 누군가 부동산 시장에서 장어 치어를 잡을 수 있다고 군중을 선동하면 그때처럼 마냥 사람 좋게 웃을 수만 있을까요? 아마 아닐 것입니다. 많은 돈이 투입된 만큼, 시간과 노력이 쓰인 만큼 그만한 보상이 주어지지 않는다면, 집단행동으로 당장 난리가 날 것입니다.

어릴 때 장어 치어를 낚으러 따라다닌 군중심리와 지금의 부동산 투자에서 엿볼 수 있는 군중심리는 많은 부분 닮았습니다. 다만, 그때는 사람들이 좀 순박했고 여유가 있었지만, 지금은 투자 실패가 곧 심각한 경제적 타격으로 다가오기 때문에 사람들의 반응에 날이 서 있는 차이점이 있습니다.

군중심리에 휘말리는 순간, 나는 없고 내 안에 타인의 생각만 존재하게 됩니다. 특히 큰돈이 오가는 부동산 투자에서는 절대적으로 금해야 하는 행동입니다. 남들이 한다고 아무 생각 없이 따라나섰다가는 낭패를 볼 수 있습니다.

최근 빌라를 찾는 사람들이 늘고 있습니다. 빌라 매물의 20~30%는 저평가된 것이 사실입니다. 투자 가치도 제법 높지만, 막상 사려고 칼을 빼 들면 '취득세'라는 엄청난 방패가 막아섭니다. 대부분의 사람은 이 취득세 중과라는 사실도 모르고 무턱대고 빌라 투자에 뛰어듭니다. 중과되더라도 기필코 사겠다는 사람은 어느 정도 공부를 한 사람입니다. 하지만 이러한 내용도 미처 모르고 덤빈다면 아주 위험합니다.

빌라는 1~2억 원짜리 두 채만 가지고 있어도 다주택자 소리를 듣습니다. 합쳐봐야 서울 아파트 가격의 반의반도 안 되는 가격인 2~3억 원인데도 말입니다. 정책도 모르고 세금 문제도 모르고 군중심리에 이끌려 무턱대고 덤빈다면 그 손해는 고스란히 개인의 몫입니다. 어릴 적

무턱대고 장어 치어를 잡으러 나갔던 그때의 경험과는 천지 차이라는 것을 잊지 말아야 하겠습니다.

정보의 캐시캐이드(Information Cascade, 정보의 폭포)

군중심리는 어찌 보면 매혹적입니다. 특히 투자의 불안함을 털어내기에는 그만한 방패도 없습니다. 하지만 현명한 투자를 하려면 군중심리에 절대 휩쓸려서는 안 됩니다. 군중심리에 휘말리지 않으려면 어떻게 해야 할까요? 정보의 캐시캐이드를 참고해서 실천하는 것만으로 우리는 군중심리를 따라나서지 않을 용기가 생깁니다.

1. 남이 보여주는 정보를 그대로 따라 하지 마라

개인이 의사결정을 할 때 다른 사람들의 의사를 참고해서 하는 경우가 많습니다. 살면서 자신이 수집한 정보나 정보에 의존해 도출한 결론은 정보의 폭포 속에 간단히 흘려버립니다. 예를 들어, 맛있는 음식점을 찾는 행위를 한다고 가정해봅시다. 우리는 대기하는 줄이 긴 집, 손님이 많은 집을 기준으로 맛집을 찾습니다. 진짜 맛있는 집이 옆에 있을지라도 외관만 보고 결정하는 우를 범합니다.

얼마 전, 속초에서 맛있는 대게 식당을 찾은 적이 있습니다. 저 역시 줄이 긴 집을 선택했습니다. 대기 번호표를 받고 1시간을 기다렸는데, 30분을 추가로 더 기다리라고 해서 묵묵히 기다렸습니다. 그러다 너무 지쳐서 대기가 없는 옆집으로 들어갔습니다. 나중에 알고 보니 대기 없는 집이 진짜 맛집이었고, 대기가 긴 집은 원조를 모방한 집이었습니다.

2. 무리의 의견에 휩쓸리지 마라

제아무리 똑똑하고 현명한 사람도 집단의 목소리를 이길 방도가 없습니다. 합리적인 사람도 무리 짓기에 합류하면 이상하게 변질되고 자기 의견보다 무리의 의견에 동조하느라 정신이 없어집니다. 그러면서 비합리적인 집단의 행동에 자신도 일조하게 됩니다.

3. 지식인으로 무장한 권위는 한 번쯤 의심하라

부동산 TV, 부동산 신문, 부동산 관련 서적 등 그 분야의 전문가가 하는 이야기는 거의 존중됩니다. 권위 있는 주장은 설사 모순이 있어도 사람들이 믿으려 합니다. 특히 권위를 가진 자가 아주 유명한 사람이라면 맹목적인 추종자도 생기게 됩니다. 동화에서 피리 부는 소년이 쥐떼를 몰고 가는 장면을 상상해보세요. 우르르 따라갔다가 도랑에 빠지는 줄도 모르는 쥐의 모습이 당신의 모습이 될 수도 있습니다. 제아무리 훌륭한 공신력 있는 전문가의 말이라도 큰돈이 오가는 투자라면 한 번쯤, 아니 여러 번 의심해봐야 합니다.

4. 확실한 전문가의 말을 경청하라

하버드 대학교의 데이비드 매클린랜드(David McClelland) 교수는 "당신의 준거집단이 인생에서 성공과 실패의 95%를 결정한다. 여기서 벗어나려면 전문가를 만나거나 정보를 정확하게 분석하라"라고 말했습니다.

실제로 부동산 매매나 전·월세 상담 시, 정보 교환 현장에서 대부분의 사람들은 부동산에 대해서 잘 안다고 말합니다. 구체적으로 물어보면 신문이나 방송에서 본 내용으로 답합니다. 또한, 거래 결정도 친구나 배우자, 직장동료, 사회 모임 지인, 사촌오빠 등 준거집단에 더 의존하고 전문가의 말은 신뢰하지 않은 경우가 많습니다. 정보 수집 및 거래 결정 과정에서는 자기주장보다 전문가의 말을 경청하고 궁금한 점을 더 집중적으로 질문하면 보다 효율적인 결정을 할 수 있습니다.

5. 능력 있는 친구, 선생님, 멘토, 이웃, 동료를 기꺼이 만나라

부동산 매매나 전·월세 상담은, 투자나 부동산 분석 경험이 많을수록 유리합니다. 부동산 정보를 분석하려면, 은행 대출이 민간인에게 풀린 시기인 1980년 중반부터의 통화량, 금리, 융자제도, 심리, 국내 경제 환경, 경기와의 관계, 지가 변동 흐름을 세세하게 관찰해봐야 알 수 있습니다. 신문이나 방송, 유튜브, 지인들이 전달하는 것은 정보의 한 조각일 뿐입니다. 그 정보를 토대로 또 다른 정보와 상호 분석하는 작업이 진정한 컨설팅(상담)이 될 수 있습니다.

진정한 멘토를 만나는 것은 부동산 투자에서 절반은 성공한 것입니다. 누구나 부동산을 잘 알고 있다고 믿고 있지만, 실상은 한 조각만 알고 있는 경우가 대부분입니다. 여러 번의 등락 과정을 지켜보면서 경험과 지식을 겸비한 성공한 전문가, 듣기 좋은 말보다는 분석해주는 조력자가 진정한 성공의 멘토입니다.

부동산 투자 STORY

노부부의 잘못된 선택

2016년도의 일입니다.

70대 부부가 2004년에 건축한 전용 21.2평 등기지분 12.7평짜리 나홀로 아파트 같은 빌라에 12년째 살고 있었습니다. 부부의 수입은 소액연금 정도가 고작이었는데, 할머니는 두 분이 거주하기에는 집이 넓어 청소도 힘들고 12년이나 살아서 살짝 짜증도 난 상태였습니다.

할머니는 조용한 새집을 원하셨습니다. 나홀로 아파트형 빌라는 그 당시 매매가 쉽지 않았고, 가격도 오랫동안 오르지 않았습니다. 그러던 차에 갑자기 5,000만 원이 올랐습니다. 노부부는 집을 매매하기로 결심하고 새집을 알아봤습니다. 다행히 집을 팔면 조그만 새집을 살 수 있을 것 같아 3억 5,500만원에 매매했습니다.

노부부가 산 집과 판 집의 가치 비교

(단위 : 평, 100만 원 %)

구분	전용	세대 총면적	공용	실사용	지분	실제 용적률	내재 가치	거래 가격	거래 가율
판 집	21.2	26.6	3.4	23.2	12.7	209	408	355	87
산 집	8.9	14.5	3.3	11.2	9.2	158	173	365	211

노부부가 판 집은 방 3개, 거실 1개, 욕실 2개, 앞뒤 발코니가 있어 아파트 30평형 못지않은 아파트단지 형태의 빌라입니다. 학교, 재래 시장과 근교에 있는 한강을 이용하기 편리하고, 주택지로는 좋은 지역입니다.

그런데 노부부가 산 집은 산 밑의 언덕에 있는 신축 빌라로, 출입 자체가 불편한 고지대였습니다. 딱 한 가지 좋은 점은 조용하고 여름에 좀 시원하다는 것뿐입니다. 평당 대지가치는 판 집의 60% 수준입니다.

부동산 투자 STORY

뭔가에 홀리면 이런 결정을 내리는 사람들이 의외로 많습니다. 2021년 기준 판 집은 5억 5,000만 원 이상도 매매 수요가 많지만, 산 집은 3억 원 전후로도 매수자를 구하기가 쉽지 않습니다. 사람들은 올라가거나 외진 곳은 싫어하는 경향이 있습니다. 특히 어린 자녀들이 있거나 방범에 취약한 가족이 있으면 더욱 그렇습니다.

한 집에 오래 거주하다 보면 새집으로 이사를 하고 싶은 충동은 누구나 느낄 수 있습니다. 조금만 버텨서 노후를 대비할 수 있는 이사를 계획했더라면 어땠을까 하는 아쉬움이 드는 사례입니다. 노부부는 잠깐의 오판으로 주택연금이나 월세 수입을 기대할 수 있는 좋은 기회를 신축과 바꿔버렸습니다. 금덩어리 집을 은덩어리 집으로 바꾼 안타까운 결정입니다.

5;

집값의 중심가격이
바로 내재가치다

집의 내재가치는 '대지가치 + 건물가치'입니다. 대지를 원석에 비유한다면, 건물은 작품에 비유할 수 있습니다. 그런데 대지가치와 건물가치는 조금 다르게 책정이 됩니다. 대지의 가격은 잘 변하지 않지만, 건물의 가격은 일시적입니다. 그런데 희한하게도 대지가치는 잘 보이지 않습니다. 오히려 대지 위에 우뚝 선 건물의 화려함이 더 돋보일 때가 많죠. 여러분이라면 어디에 투자하시겠습니까? 대지인가요? 아니면 건물인가요?

어디에 투자하든 부동산 투자를 할 때 내재가치를 분석하는 일은 필수입니다. 그렇다면 왜 내재가치 분석이 필요할까요? 여기에는 특별한 이유가 있습니다.

어떤 물건이든 '원가'라는 개념이 있습니다. 원재료가 무려 3,000개나 필요한 자전거도 제조원가가 있죠. 우리가 날마다 먹는 빵이나 우유에도 제조원가가 있습니다. 비슷한 물건이라고 할지라도 다 각기 고유의 원가가 존재합니다.

하나 재미있는 이야기를 들려드릴까요? 1998년도에 강남에서 과일 장사를 하시던 분이 계셨습니다. 가락 시장에서 맛 좋은 배를 한 개에 1,000원씩 사서 50%나 마진을 더해 1,500원에 팔았으나 사가는 사람이 별로 없었습니다. 장사가 시원치 않아 때려치울 생각에 한 개에 5,000원에 파니까 놀랍게도 순식간에 배가 다 팔렸습니다. 비싸게 팔자 장사가 잘된다는 것을 알게 된 과일 장수는 그때부터 시세보다 조금 더 높게 팔아서 돈을 벌었습니다.

지금의 서울을 비롯한 수도권의 일부 집값이 딱 이 과일 장수 이야기와 같습니다. 아파트와 신축, 재건축 관련 빌라는 그 정도가 더욱 심한 상태죠. 원가에 비해 턱없이 비싼 주택이 많아졌습니다. 너무 가격이 올라 "대체 집값이 내리기는 하나요?"라고 묻는 사람도 늘었습니다. 그러면서도 '한번 올라간 집값이 내리기는 하겠냐'며 단념하는 사람도 늘었죠. 심지어 '서울 집값은 불패'라고 단언하는 사람도 있습니다. 정말 그럴까요?

가치를 제대로 알면 부동산 투자를 시작할 수 있다

부동산의 내재가치 분석은 현재 시점의 부동산 원가를 분석하는 것과 같습니다. 부동산의 원가를 마스터하면 집을 싸게 사는 방법도 알아낼 수 있죠. 투자에서 종종 벌어지는 실수나 손해를 최소화할 수 있는 가장 효과적인 방법이기도 합니다.

그렇다면 우리가 흔히 알고 있는 집값은 어떻게 산출되는 것일까요?

집값 = 대지가치 + 건물가치

집값은 대지가치에 건물가치를 더한 값입니다. 여기서 대지가치를 알면 80%의 집값을 안다고 할 수 있습니다. 사실 대지가치를 제대로 파악한다는 것은 쉽지 않습니다. 마치 샘을 찾기 위해 수맥 전문가를 동원하는 것처럼 말이죠. 정확한 수맥을 찾기 위해 여러 곳을 샅샅이 뒤지는 것은 대지가치 분석을 하는 일과 비슷합니다. 하지만 무작정 뒤지는 것보다 정보로 무장해서 효율적인 결과를 산출해내는 것이 중요합니다.

옛날 같으면 대지가치를 분석하기 위해 직접 길을 나서서 눈으로 확인했지만, 이제는 책상 앞에 앉아서 정보의 90% 이상을 취합할 수 있는 시대입니다. 우리는 직접 땅을 보러 뛰어다니지 않아도 대지가치를 어느 정도 정확하게 유추할 수 있습니다.

그럼 집값의 80% 이상을 파악하게 하는 대지가치는 어떻게 산출할까요? 대지가치는 용적률(대지 평당 집을 지을 수 있는 양)에 의해서 인접 유사대지와 비교해 결정합니다. 용적률의 기준은 200%인데, 이는 땅이 10평이라면 건물을 20평까지 지을 수 있다는 뜻입니다.

　용적률은 일조권 영향에 의해 결정되며, 용적률이 높을수록 그 가치를 더하게 됩니다. 대지가치가 집의 가치에서 70~80% 이상을 차지하고 있어 대지가치는 아무리 강조해도 지나치지 않습니다.

　그리고 너무도 당연한 이야기지만, 모든 주택은 대지가 딸려 있습니다. 즉, 땅이 없으면 건물은 존재할 수가 없습니다. 아파트, 빌라 등 공동주택은 등기부등본에 대지지분으로 표시되어 있고, 땅 한 필지에 여러 명이 소유자로 기재되어 있습니다. 예를 들어, 50평 대지에 똑같은 크기의 공동주택(빌라, 아파트)이 다섯 채라면 각각 10평씩 다섯 명이 주인이 됩니다(5명×10평=50평). 단독·다가구주택의 경우는 주인이 한 명인 셈이죠.

　대지가치는 몇 평이냐도 중요하지만, 몇 평의 가치가 있느냐가 더 중요합니다. 예를 들어, 10평의 땅이 있다면 그 땅 위에 건물을 15평 지을 수 있는 땅도 있고 30평, 또는 그 이상을 지을 수 있는 땅도 있습니다. 나란히 붙어 있는 땅이라도 대지가치는 배로 차이가 날 수 있죠. 쉬운 예로, 10평의 대지에 건물을 15평 지을 수 있는 대지가치가 평당 1,500만 원이라면, 30평을 지을 수 있는 대지는 평당 3,000만 원 그 이상의 가치가 있습니다.

한 가지 주의할 점은 등기상의 대지지분 크기만 보고 집을 사서는 안 된다는 점입니다. 주변 시세가 평당 3,000만 원인데 대지가치는 평당 2,000만 원도 안 되는 경우가 비일비재하니까요. 재건축 대상이 아닌 주택은 건물가치가 바로 대지가치의 기준이 되기도 합니다.

구매하고자 하는 인접지의 땅값 기준을 산출할 때는 어떻게 할까요? 그때는 최근 매매된 고평가된 기준으로 산출하는 것이 아니라 구매하고자 하는 물건과 유사한 물건의 평균 거래가격을 참고합니다. 즉, 보수적인 가격 기준으로 접근해야 한다는 뜻이죠.

건축업자가 매입한 대지 시세는 평균적인 대지 시세로 보지 않습니다. 이유가 뭘까요? 건축주는 부동산 경기가 좋으면 시세보다 10~30% 정도 비싸게 매입하는 경우가 많기 때문입니다. 빌라나 아파트 같은 집을 빨리 지어 불경기가 닥치기 전에 팔면 많은 수익을 실현할 수 있죠.

반대의 경우는 어떨까요? 경기가 악화되고 불경기가 지속되면 구매자는 시세보다 싸게 물건을 사들일 수 있습니다. 경기가 좋을 때와 나쁠 때, 이때는 둘 다 정상적인 시장가격의 적정 기준이 될 수 없는 것이죠. 따라서 경기 사이클을 주시하다 보면 저평가된 물건의 대지 거래가격의 기준을 찾아낼 수 있습니다. 지금의 시점에서 보면 10년 이상 된 빌라가 투자하기 좋은 물건이 됩니다. 가격이 오를 전망이 크기 때문이죠.

대지의 내재가치 산출 기준

1. 아파트

등기에 기재되어 있는 평수와 상관없이

- 평형 ÷ 2 = 내재가치 평수

32평형 아파트는 기본적으로 (32 ÷ 2 = 16) 16평이 대지가치가 된다.

2. 빌라

등기 평수와는 관계없이

- 실사용면적 + 전용 공유면적 = 호수별 건물면적이 기준이 된다.
- 실사용면적 = 등기부상 전용면적 + 확장면적(서비스면적)
- 호수별 건물 전체면적 ÷ 2 = 빌라의 대지 가치면적

대지의 가치면적은 실제용적률과 비례한다.

- 등기상대지지분 × 실제용적률 / 200 = 대지의 가치면적
  등기상대지지분 × 실제용적률 = 호별 건물 전체면적

건물의 내재가치 : 신축 기준

건물은 건물의 평수에 건축단가를 곱해서 산출한다.

1. 아파트

부속건물이 많아서 건축물대장상의 면적과 서비스면적을 합해 건축평당 단가를 곱해서 감가수정을 한다(신축 5년 이내는 감가수정 불필요).
간략하게 하려면 평형 × 평당 건축비 1,000만 원(32평형 × 1,000만 원 = 3억 2,000만 원)
또는 계약 면적 × 평당 건축비 (550~600만 원)
여기에다 주차장 건축비를 더한다(건축비의 1 / 2로 산정).

아파트는 호수별 주차장 면적이 건축물대장이나 공부상에 표시되어 있다.

2. 빌라

호별 건물 전체면적(전용면적+공용전용+복도+계단 등) × 평당 건축비
주차장 건축비 :
주차장 건축면적 ÷ 세대수 = 세대별 주차장 평수 × 평당 건축비 × 1 / 2

내재가치 대비 저평가 물건의 매입이 투자의 성공요건이다.

전세 : 내재가치대비 80~90% 선에서 구하라. 그렇지 않으면 보험에 가입해야
　　　한다(보험 : 전세 만기 시 전세금 반환을 보장하는 보험).

매매 : 신축은 내재가치의 110% 이하, 재고주택은 내재가치의 100% 내외,
　　　지하는 내재가치의 60~70%가 매입하기에 적당한 가격이다.

매매(거래)가격은 그때그때 다르다. 내재가치를 중심으로 오르고 내리기를 반복
한다. 내재가치는 중심가격이고, 자연가격이고, 본래가치다.

내재가치의 판단 기준은 무엇일까?

　부동산에서 내재가치를 알면 그만큼 재테크에서 유리합니다. 남들보
다 훨씬 앞서 달릴 수가 있죠. 내재가치의 중요성을 알게 된 만큼 이제
기준점이 필요합니다. 내재가치를 판단할 때 어디에 기준점을 두어야
할까요? 거기에는 희소성, 수익성, 대지지분, 건물가치 등 여러 기준이
있습니다. 우리는 투자를 할 때 한 가지 면만 고려하지 않습니다. 여러
상황을 따지고 판단해서 투자의 기준을 나름 세웁니다.

　재건축이 필요한 주택의 예를 들어볼까요? 우리는 재건축 건물에 투

자할 때 '저 건물이 재건축했을 때 얼마나 가치가 있는 건물로 탈바꿈하느냐?'에 관심이 많습니다. 즉, 대지의 크기보다 새로 지을 건물의 크기로 내재가치를 정하는 경향이 큽니다. 대지지분이 10평이면 대체로 14~30평의 건물까지 지을 수 있습니다. 그런데 어떤 경우에는 건물 건축이 어려운 대지도 있습니다. 주차 자체가 어려운 대지는 건축 허가가 쉽게 떨어지지 않는 경우도 허다하죠. 많은 사람이 이러한 맹점을 쉽게 간과하곤 합니다.

어떤 땅이 1평에 3,000만 원의 가치로 팔렸다고 하면, 그 주변 땅 모두가 똑같이 3,000만 원의 값어치가 있다고 착각합니다. 그러나 실제로 땅의 가치를 개별로 산출해보면, 평당 2,000~4,500만 원까지 배 이상 차이가 나는 경우가 많습니다. 그 차이를 제대로 파악하지 못하고 부동산 투자를 서두르면 곤란한 일이 생길 수 있습니다. 당장 일조권, 용적률만 공부해도 지금까지 알고 있던 상식이 뒤집어진다는 사실을 알게 되죠.

그렇다면 현시점에서 가장 투자하기 좋은 부동산 물건은 무엇일까요? 앞으로 우리 세대에 재건축을 기대하기 어려운 건물이 바로 투자하기 좋은 물건입니다. 더 쉽게 설명해볼까요? 앞으로 30년, 50년, 100년을 끄떡없이 사용할 수 있는 부동산이 투자하기 좋다는 뜻입니다. 이런 물건은 등기상의 대지면적보다 건물 평수에 비례해 적정한 대지지분을 계산해야 합니다. 즉, 건물 평수의 절반(지하는 제외)을 대지지분으로 환산해 평가합니다. 대지지분의 등기 평수는 8평인데 건물이 24평이면, 대지는 8평이 아니라 12평으로 환산해 물건의 가치를 평가합니다.

　이렇게 내재가치를 평가할 때 꼭 필요한 부동산 지식을 알고 있어야 합니다. 제대로 모른다면 알게 될 때까지 투자는 보류하는 게 좋습니다. 급하게 뛰어들었다가 낭떠러지인 줄 모르고 떨어질 수 있습니다. 제대로 된 길을 아는 것은 투자하는 사람의 기본 덕목입니다.

내재가치와 가격 흐름

(단위 : 100만 원, %)

거래연도	24평형 아파트(2002년 건축)			빌라(2002년 건축)		
	내재가치	거래가격	거래가율	내재가치	거래가격	거래가율
2006	224	255	113(130)	184	206	112
2007	300 [↑76]	299 [↑44]	100(150)	242	185	76
2008	397 [↑97]	360 [↑61]	91(160)			
2015	445 [↑48]	420 [↑60]	94(345)	352	324	92
2016	447 [↑2]	470 [↑50]	105(360)			
2017	594 [↑147]	542 [↑72]	91(370)			
2018	627 [↑33]	570 [↑28]	91(370)	477	385	81
2021	745 [↑118]	800 [↑230]	107(450)	502	520	104

( )는 전세보증금

1. 인접지의 대지가격이 2007년에 평균적으로 46% 정도 상승했고, 2008년에는 50% 상승했으며, 2015년부터 2018년까지 연 10~30% 상승했다.
아파트나 빌라 모두 지가 상승은 주택가치에 서서히 반영된다. 대지값이 오르면 신축 빌라값이 오르기 시작하고, 기존 아파트나 빌라도 조금씩 오른다.

2. 대지값은 오르지 않고 있는데, 아파트가격이 오르기 시작한다는 것은 투기 수요가 움직이거나 수요에 비해 공급이 부족하다는 신호다. 오름세가 오래 지속되면 투기 수요로 인한 버블로 진행된다.

3. 2008~2014년까지는 부동산 조정기로, 아파트나 빌라의 가격 상승보다는 공급 부족으로 전세금이 매년 상승함을 알 수 있다.

6;

새집의 내재가치와
케첩 논쟁

오래된 집은 내재가치를 산출하는 데 별로 어렵지 않습니다. 이미 인근의 물건이 팔린 사례로 적정한 가격을 책정할 수 있으며, 비교할 수 있는 대상지도 꽤 많기 때문입니다. 그렇다면 신축은 어떻게 내재가치를 산출할 수 있을까요? 당장 비교치도 없고 팔렸던 사례도 없는 새집이라면 말입니다. 하지만 새집에도 내재가치를 산출하는 방법은 있습니다. 최근 신축한 빌라의 내재가치를 예로 한번 살펴봅시다.

📍 마포구 소재 신축 빌라

1. 평당 건축비 : 550만 원
2. 인접지 표준 대지가격 : 평당 3,200만 원
3. 실제용적률 : 207%

4. 건축면적 : 실사용 전용면적 + 해당 공용면적

5. 등기부등본상 대지지분 : 5.9평

주택명	건축면적	환산 대지지분	실거래가격	내재가치
마포구 신축 빌라	40.5㎡	6.1평	3억 7,800만 원	2억 6,277만 원
			3억 7,000만 원	
			3억 7,800만 원	

2020년에 실제 매매된 과정을 볼까요?

1. 대지가치

환산 지분 6.1평 × 3,200만 원 = 1억 9,520만 원

등기상 지분 5.9평 × 207 / 200 × 3,200만 원 = 1억 9,540만 원

2. 건물가치

40.5 × 0.3025 = 12.25평 × 550만 원 = 6,737만 원

내재가치 : 약 2억 6,277만 원

　신축 빌라는 전세가격과 매매가격의 차이가 얼마 나지 않는 특징이 있습니다. 그래서 기존의 빌라인 구빌라, 재고 빌라에 비해 매매가 상당히 쉬운 편이죠. 신축 빌라의 마진은 건축비에 이미 상당 금액이 포함되어 있습니다. 광고비, 컨설팅비용 등이 부대비용으로 크게 작용하고 있고요. 한 채당 수백만 원에서 수천만 원이 지급되기도 하는데, 이

는 컨설팅 업체의 몫으로 대부분 돌아갑니다.

신축 빌라의 내재가치와 거래가격

(단위 : 100만 원)

거래연도	내재가치	거래가격	거래가율	비고
2008	190	270(분양가격)	142%	
2009	189	270(분양가격)	143	
2011	201	240	119	망원동 4○6번지
2012	192	215	112	등기전용 13평
2013	202	187	93	건물 총면적 15평
2014	210	230	110	용적률 191%
2016	260	230	88	지분 7.8평
2018	278	239	86	
2021	294	267	91	

위의 사례는 2008년에 신축한 빌라의 경우입니다. 빌라는 내재가치로 회귀하려는 속성이 아파트보다 강합니다. 아파트에 비해 건축 기간이 짧은 대신, 투입 비용은 비슷하기 때문입니다. 그래서 거래가율이 86~142%까지 출렁거림이 심합니다.

다른 빌라의 사례도 앞의 물건과 비슷한 양상을 보입니다.

거래연도	내재가치	거래가격	거래가율	비고
2008	188	284(분양가격)	151	망원동 4○2번지
2009	187	284(분양가격)	152	전용 11.6 / 지분 8.9평
2016	258	203	79	용적률 168%

빌라의 내재가치는 아무리 강조해도 지나치지 않습니다. 아파트에 비해 가격이 저렴하고 신축은 깨끗해서 구매 유혹을 떨치기가 쉽지 않

습니다. 하지만 거래가율이 110% 이상 되는 물건은 경계해야 합니다. 특히 사례로 든 2008년은 건축업자들이 땅을 시세보다 20~30% 비싸게 사서 분양을 했던 시기였고, 분양만 하면 상당한 수익을 낼 수 있었기 때문입니다.

케첩 논쟁과 집값의 상관관계

앞서 말씀드렸던 것처럼 빌라는 아파트보다 내재가치로 돌아가려는 속성이 더 강합니다. 그러한 현상을 잘 설명하는 것이 바로 '케첩 논쟁'입니다. 현대 경제학에서 자주 등장하는 아주 유명한 논쟁으로, 1985년 미국의 하버드대 교수인 로렌스 서머스(Lawrence Summers)가 자신의 논문에서 처음 꺼낸 이론입니다.

그는 케첩 가격의 적정성을 따질 때, 정통 경제학자는 원료인 토마토의 가격, 대체재 시장, 임금 등 경제 시스템 전체의 요인을 고려하지만, 금융 경제학자는 케첩의 상대 가격 비교만으로 판단하는 '실수'를 저지른다고 주장합니다. 즉, 금융 경제학자는 케첩의 두 병 가격이 한 병의 두 배 정도면 시장가격이 적절하고, 이에 따라 시장은 합리적으로 작동한다는 논리를 편다는 것입니다. 그러한 대표적인 금융 경제학자로는 '효율성 시장 이론'을 주장한 유진 파머(Eugene Fama) 교수가 있죠.

그런데 진짜 케첩 논쟁이 2007년 글로벌 경제 위기 직전에 일어났습니다. 예일대의 로버트 쉴러(Robert Shiller) 교수와 앞서 언급한 시카고

대 유진 파머 교수가 격돌한 것입니다.

유진 파머 – "사람들은 집을 살 때 과거나 현재의 모든 정보를 이용해 집을 산다. 그러므로 시장가격은 가장 합리적인 가격 상태다. 거기에 거품이 있을 수 없다."

로버트 쉴러 – "무슨 소리! 당신이 주장하는 효율적 시장 가설이야말로 전형적인 케첩 경제다!"

2007년의 금융 위기 이후 미국의 주택가격은 대폭락했습니다. 미국의 유명 모기지 업체들이 줄줄이 파산했죠. 결국 집값의 거품이 없다고 호언장담했던 유진 파머 교수는 그해 노벨 경제학상의 유력한 후보였지만 탈락하는 수모를 겪고 맙니다. 로버트 쉴러 교수는 집값의 과거 통계를 통해 집값의 원가(신축은 조달 원가, 구축은 감가수정한 재조달 원가)보다 차이가 크게 날수록 거품이 있다고 밝혀냈습니다. 그는 집값은 언제나 비이성적으로 형성될 수 있으며, 과열되면 반드시 거품이 낀다고 주장했죠. 즉, 내재가치의 평균으로 집값이 회귀한다는 것입니다.

우리나라의 부동산 전문가들은 어떨까요? 대다수가 여전히 집값은 유진 파머 교수처럼 효율적 시장 이론에 의해 움직인다고 여기며, 향후 집값을 예측하는 경향이 강합니다. 그들은 집값 상승의 원인으로 공급 부족, 저금리, 신용 확장과 같은 성부 정책을 손에 꼽습니다. 일부는 주택보급률 100% 달성, 인구 감소, 경제성장률 하락 등으로 집값이 상승과 하락을 반복할 것이라는 구조론과 순환론을 펼치기도 합니다.

지금의 집값은 내 집 마련에 대한 본능적 욕구와 부동산 투자에 대한 심리적 수요가 더해져 투기적 거품 시장으로 변질된 지 오래입니다. 이러한 집값의 가격 상승은 과거의 케첩 논쟁과 다를 바가 없습니다. 케첩 가격도 시간이 지나면 대체재가 생겨 가격이 하락하기 마련입니다. 그때는 적정 이윤이 가미된 제조원가에 따라 합리적인 가격이 책정될 것입니다. 집값도 마찬가지입니다. 모든 집값은 케첩처럼 내재가치로 회귀될 수밖에 없습니다.

7;

공급 탄력성과 내재가치 기본공식을 마스터하라

"역사를 읽어라!" 최근 몇 년 전에 등장한 부동산 관련 신문기사 헤드라인입니다. 이러한 헤드라인은 20년 전이나 10년 전이나 3년 전이나 비슷하게 등장합니다. 역사의 흐름은 일종의 사이클이 있고, 그 사이클 속에는 인간의 심리가 있습니다. 심리를 파악하면 사람들이 어디로 움직일지 부동산 투자의 방향성도 알 수 있습니다. 그렇다고 모든 역사를 뒤져볼 시간은 우리에게 없습니다. 어떻게 하면 역사 속 투자 심리를 알아낼 수 있을까요? 방법은 생각보다 쉽습니다. 2006년 부동산 관련 헤드라인을 한번 쭉 살펴볼까요?

2006. 10. 31   무지한 부동산 정책의 폐해

2006. 9. 22   주택문제 해법, 시장에 있다

2006. 7. 12   서울 개조 프로젝트 본격화

2006. 8. 30   부동산 대책 1년 집값, 전셋값 서민만 울었다

2006. 10. 24.   부동산 정책 실패 시인한 셈

2006. 10. 24   더 기다리면 집 못 산다. 수도권 중소형 매물 품귀

2006. 10. 31   강남 재건축도 누르지만 말고 공급 스케줄 분명히 제시해야

2006. 11. 1   뛰는 집값 어떻게 대처하나

2006. 10. 30   그래도 신도시는 지어야

2006. 12. 5   새집 오르면 헌 집도 오른다는데 문제 – 지방 부동산도?

어떠신가요? 헤드라인만 쭉 살펴봐도 어떤 흐름이 읽히지 않습니까? 지금의 부동산 문제는 사람들의 투자 심리를 잘못 컨트롤한 결과입니다. 부동산 시장을 원만하게 조율하려면 경제학과 인간의 심리학을 결합한 '행동경제학'을 제대로 공부해야 합니다. 사람의 심리를 이해하지 못하면 부동산 투자도 절대 이해할 수 없습니다.

투자의 황금률 '공급 탄력성'을 반드시 기억하라!

집값의 상승이 일어나는 이유는 공급이 수요에 비해 부족하거나 공급하는 기간이 오래 걸리기 때문입니다. 시간이 오래 걸리면 "주택 공급의 탄력성이 낮다"라고 표현하고, 주택 공급이 빠르게 이뤄지면 "주택 공급의 탄력성이 높다"라고 말합니다. 만약 수요는 늘고 있는데, 공급 부족에 불안심리까지 가세하게 되면 상승 폭이 커지게 되는 것이죠.

공급에는 두 가지 방법이 있습니다.

1. 집(아파트)을 새로 지어서 공급
2. 기존주택(재고주택·중고주택)의 공급

우리가 내재가치를 말할 때 주택 공급의 탄력성을 중요하게 여기는 것은 투기적 거품을 판단하는 중요한 잣대로 삼을 수 있기 때문인데요. 주택 공급의 탄력성이 좋은 지역에서 집값이 급등하면 주변의 상승 호재가 무엇인지부터 파악해야 합니다. 호재가 있다면 대지값부터 상승하면서 아파트값이 오르는 게 정상적인 시장입니다. 인접지역의 대지값은 그대로인데, 아파트값이 상승하게 되면 신중히 투자해야 합니다.

수도권에는 아파트를 지을 땅이 많습니다. 널려 있다고 해도 과언이 아니죠. 건설업자가 마음만 먹으면 언제든지 아파트를 공급할 수 있고 대지를 싼 가격으로 확보할 수 있습니다. 아파트를 분양하는 시점에 투기 심리가 멈추고 조정국면에 이르면 아파트 가격은 오르기 전 가격보다 낮게 형성될 수도 있습니다.

서울은 어떨까요? 서울에서 수요가 원하는 아파트를 공급하기 위해서는 최소 5~15년이 걸립니다. 아파트 지을 땅을 확보하려면 우선 재건축, 재개발 계획 수립, 지구 지정, 조합 설립, 시행인가 등 거쳐야 하는 절차가 엄청 많습니다. 하나의 절차를 거치는 데 짧게는 수개월에서 몇 년씩 걸리기도 합니다. 미동의자나 분양 포기자에 대한 청산 절차만 해도 몇 년씩 걸리기 때문이죠. 빌라는 그나마 공급의 탄력싱이 아파드에 비해 좋은 편입니다. 부동산 호경기에는 빌라가 건축업자에게 황금알을 낳는 거위도 될 수 있습니다.

앞서 언급한 것처럼 수도권이나 지방은 서울의 주택 공급 탄력성보다 훨씬 좋습니다. 임야나 전답을 매입해 아파트를 짓는 경우도 많고 2~5년이면 충분히 공급할 수 있기 때문이죠. 택지개발을 하더라도 주택가격이 비싸게 분양되면 조정기에는 대지가치에 맞춰 가격이 형성됩니다.

여기서 한 가지 짚고 넘어가야 할 점이 있습니다. 신축주택의 공급은 아무리 공급이 빨리 진행되어도 재고주택과 경쟁상대가 되지 못한다는 사실입니다. 만약 재고주택의 공급이 끊길 경우에는 아파트나 빌라를 비롯한 모든 주거 관련 시설은 무질서에 빠지게 되어 가격 혼란을 일으킬 게 뻔합니다.

또 하나의 문제는 세금 중과가 재고주택의 공급을 마비시킬 수도 있다는 점입니다. 양도세 중과, 취득세 중과, 종부세 중과, 재산세 중과는 재고주택의 공급을 정지시키고 시중의 유동성을 팽창시켜버립니다. 흐르는 물이 아니라 넘치는 물이 되고 마는 것이죠. 매매가 원활하면 유동성이 흡수되면서 전·월세의 물량 증가로 부동산 시장에 안정을 꾀할 수 있습니다.

신축 공급을 아무리 늘린다고 한들 재고주택의 공급 없이는 투기 심리를 바로잡기 어렵습니다. 신축공급의 부족함을 이유로 공급이 급격히 늘어나면 수도권 외곽이나 지방의 집값 하락을 시작으로 도미노식 조정을 경험할 수도 있습니다.

주택 공급의 탄력성과 내재가치는 주인과 개로 종종 비유합니다. 개의 목에 목줄을 걸고 산책을 하면 개는 앞서가기도 하고 뒤처져 가기도 하지만, 언제나 주인 곁에 있습니다. 주택 공급의 탄력성과 내재가치도 이와 같습니다. 공급의 탄력성에 따라 집값의 내재가치는 더 높게 형성될 수도 있고, 낮게 형성될 수도 있다는 뜻이죠.

최근 아파트나 빌라, 오피스텔의 신축은 '묻지 마 투자'가 트렌드입니다. 신축이 대세일 때는 대지가치는 사람들 안중에 없습니다. 새 차 뽑는 기분을 상상해보세요. 그러면 쉽게 이해가 갈 것입니다. 건물가치가 명품으로 둔갑할 때는 부동산의 활황기이면서 동시에 꼭지이기도 합니다. 새 차를 뽑아서 신나게 고속도로를 달리고 있는데, 어느 순간 막다른 골목이 튀어나와 운전자를 당황스럽게 하는 것과 같은 이치입니다. 다행히도 새집이 헌 집 되는 데 걸리는 시간은 새 차가 중고 차되는 시간보다는 좀 더 오래 걸립니다.

돈보다 시간의 개념이 더 무서울 때가 많습니다. 우리는 불확실한 미래를 상당히 두려워합니다. 그런데도 막연하게 미래가 밝을 것이라 기대하면서 투자합니다. 왜 그럴까요? 이유는 간단합니다. 남들이 다 하니까, 나 혼자만 뒤처질 수는 없어서 무리하게 자금을 끌어와 투자에 뛰어듭니다. 공원에 놀러 간 아이들은 남들이 풍선을 사는 것을 보고 부모님께 같은 풍선을 사달라고 조릅니다. 그러다 시간이 지나면 금방 질려서 어딘가에 버리고 오기도 하죠.

집도 마찬가지입니다. 별생각 없이 친구 따라 모델하우스에 놀러 갔

다가 친구가 호기롭게 계약하는 것을 보고 저도 모르게 따라서 계약을 덜컥 해버리고 맙니다. 어떤 사람은 기분이 좋다고 미분양 아파트를 묶어서 몇 채씩 사기도 합니다. 사람은 그렇게 본능적이고 감정적인 동물입니다. 하지만 좋은 물건은 이후에도 계속 생깁니다. '아, 좀 더 있다가 저 아파트를 살걸!' 해봐야 이미 수중의 돈은 어딘가에 묶여 있습니다.

신축 빌라나 오피스텔은 부동산의 대표적인 미끼 상품입니다. 다이아몬드가 물린 낚싯밥이 제공되는 셈이죠. 한번 물리면 끝입니다. 그만큼 투자자에게는 매력적으로 보이는 상품들이죠. 부동산 TV에서 광고라도 나가면 그렇게 잘 팔린다고 합니다. 특히 중간 소매상들은 이런 물건을 하나 팔면 절대로 그 맛을 잊을 수가 없다고 합니다. 낚시꾼들이 물고기가 물리는 그 순간의 손맛을 잊지 못하는 것과 같은 이치입니다.

부동산 투자 낚시꾼들이 손맛을 느끼는 동안 정부는 무엇을 하고 있을까요? 대체로 수수방관하면서 손뼉을 쳐줍니다. 대어를 낚은 낚시꾼에게 구경꾼이 옆에서 손뼉 쳐주는 광경과 똑같다고 보면 됩니다. 물고기를 낚아 올린 사람은 그 기쁨도 잠시, 어떻게 처리해야 할지 고민에 빠집니다. 운이 좋으면 손해를 덜 입고 물고기를 놓아줄 수도 있겠죠.

부동산 시장에서는 대어를 낚는다고 무조건 좋은 게 아닙니다. 좀 전에 놓아준 피라미가 더 큰 물고기로 변할 수도 있습니다. 어느 놈이 진짜 센 놈인지, 제대로 클 놈인지는 시간이 지나 봐야 압니다. 그리고 한 가지 명심할 것은 지금 물고기를 낚아 올리지 못했다고 좌절할 필요가 없다는 점입니다. 망망대해에 물고기는 얼마든지 있습니다. 지금 놓친 물고기를 아쉬워하지 말고 때를 지긋이 기다려야 합니다.

내재가치를 산출하는 공식

내재가치는 가치 투자의 원석이라고 할 수 있습니다. 내재가치에 대한 안목을 키우는 일이야말로 수익과 안전이라는 두 마리 토끼를 잡을 방법이기도 하죠. 사실 내재가치를 산출하는 특정한 공식은 없습니다. 하지만 우리나라의 건축 관련 법률과 실정에 맞춰 정돈된 내용을 말씀 드릴 수는 있습니다.

부동산 투자에서 백전백승하는 내재가치 공식은 과연 무엇일까요? 아파트와 빌라, 그리고 재건축 건물을 따로 분류해 살펴보겠습니다.

1. 아파트의 내재가치 공식

1) 주거용 기준(재건축보다 주거에 가치를 둔 아파트) : 건물가치가 기준이 됩니다.

    가. 2002년 이후 건축한 아파트 대부분

    나. 철근콘크리트조(레미콘) 건물의 신축 건물은 건물가치가 가격 에 가장 많은 영향을 줍니다.

    다. 철근콘크리트조로 향후 30년 이상 지속 가능한 아파트

대지가치 + 건물가치 = 내재가치

- 대지가치 : 지분×평균가격×용적률 / 200×대지P

  또는 (아파트 평형 ÷ 2)×평균가격×대지P
- 건물가치 : 건물건축면적×평당 건축비×잔존연수 / 30 또는 50

  또는 아파트 평형×1,000만×잔존연수 / 30 또는 50

2) 대지의 내재가치(재건축, 재개발 예정 아파트) : 대지가치가 기준이 됩니다.
- 지분 × 평균가격 × 예상용적률 / 200 × 대지P

지분 : 등기부등본에 표기된 지분

평균가격 : 인접 지역(도보 가능 거리) 유사대지의 평균적인 거래가격

  (신축을 위한 매매가격은 배제)

용적률 : 공부상 용적률(평형÷지분×100)

대지P : 대지에 대한 프리미엄 가산비율

  아파트 300세대 이상 : 1.5~6

  아파트 300세대 이하~70세대 이상 : 1.3~1.4

  아파트 70세대 이하 : 1.1~1.3

건물건축면적 : 각 세대에 해당하는 건축면적 전체. 주로 계약 면적에 해당, 주차장은 해당 면적의 1/2

※ 건축물대장이나 지방자치단체 부동산 정보망(서울 : 서울부동산정보광장) 참조

평당 건축비 : 500~1,000만 원, 기준은 550만 원

잔존연수 : 건축일로부터 경과연수를 뺀 연수(내용연수 - 경과연수)

내용연수 30 : 시멘트, 벽돌조 등 철근콘크리트를 제외한 건물

내용연수 50 : 철근 콘크리트 건물의 수명(실제는 50~70년 이상)

수도권 A아파트의 대지가치, 진짜일까?

32평 아파트 분석의 예

평형	대지가치	건물가치	내재가치	시세
32평	지분 16평(용적률 200%) 평당 500만 원×16 = 8,000만 원	건물 60평×500만 원 = 3억 원	3.8억 원	7억 원

시세 7억 원 기준 대지가치

평형	대지가치	건물가치	평가
32평	시세 7억 원 - 건물 3억 원 = 대지가치 4억 원 4억 원÷16 = 평당 2,500만 원	3억 원	※ 대지 거래가격 평당 2,500만 원 ※ 공급의 탄력성이 좋으면 대지가치는 　내재가치로 회복되는 것이 빠르다. ※ 대지 내재가치는 500만 원일 가능성 　이 크다.

공급의 탄력성이 좋은 지역은 아파트 매입 시 인접지역의 대지가격을 관찰해야 한다. 내가 매입한 아파트의 대지가치가 500만 원이었다면, 부동산 조정기나 급락이어도 하락폭이 10% 내외일 가능성이 크지만, 2,500만 원이나 그 이상이 었다면 하락할 소지가 크다.

건설회사가 대지를 평당 300만 원에 확보하고 몇 년 후 투기 수요도 꺾이고 조 정기에 기존아파트(재고아파트)보다 더 좋은 입지, 최신 건축자재 소재, 신평면으 로 신공법 아파트를 대지가치 500만 원에 분양해도 많은 수익을 낼 수 있다면 건설회사는 분양할 것이다.

새로운 아파트를 분양받으려는 수요는 A에 거주하는 사람이 있다면, A아파트를 매각해 분양받으려고 할 것이며, 인접지역 분양아파트의 가격과 비교해서 가격 은 형성될 것이다. 그렇게 되면 A아파트를 대지가치 2,500만 원에 파는 것은 말 할 것도 없고 500만 원에 파는 것도 어렵게 된다.

이 점이 바로 공급의 탄력성이 좋은 지역에서 아파트를 매입 시 주의해야 하는 이유다.

2. 빌라(다세대, 연립)의 내재가치 공식

1) 주거용 기준(재건축보다 주거에 더 가치를 두는 것)

대지가치 + 건물가치

- 대지가치 : 지분×평균가격×실용적률 / 200×대지P
- 건물가치 : 세대별 총건평×평당 건축비×잔존연수 / 30 또는 50

2) 대지의 내재가치(재건축 대상 대지가치)

- 지분 × 평균가격 × 실용적률 / 200 × 대지P

※ 빌라는 대지 프리미엄을 적용할 만한 물건이 드뭅니다.
   나홀로 아파트 형태는 1.1~1.2 정도 적용 가능가능합니다.

단기 재건축(소규모 재건축 : 빌라나 단독이 연합해 빌라나 10~20세대 내외 나

홀로 아파트로 재건축)

- 총분양가격 – 사업비(총건축비) = 분양수익

  분양수익 ÷ 총대지 = 평당 대지지분 가치

- 실용적률 : 세대별 총건축면적÷지분

세대별 총건축면적

전용면적 A	서비스면적 B	주거 공용 C	기타 공용 D	공급면적 A+C	세대별 총면적 A+B+C	계약면적 A+C+D
현관, 방, 주방, 화장실, 드레스룸, 펜트리 등	발코니, 다용도실, 실외기 등	계단, 복도, 엘리베이터 등	주차장, 지하층, 경비실, 관리소, 노인정, 놀이터 등	아파트 분양면적	빌라 총면적	오피스텔 분양면적

아파트의 건축비용 지급면적 : 계약면적, 주차장은 1/2만 계산

용적률 200 : 기본용적률을 의미합니다.

대지P : 재건축 규모에 따라 프리미엄이 가산됩니다.

　소규모라도 위치, 세대수, 규모, 구조, 층수 등을 감안해서

　1.1~1.3 적용 가능합니다.

평균가격 : 인접지역 유사대지의 평균적인 대지 거래가격, 일시적인

　거래가격은 제외합니다.

내재가치 정보 검색은 어디서 어떻게 할까?

등기부등본 (대법원 인터넷등기소)	건축물대장 (정부24시)	서울부동산정보광장, 경기부동산포털, 기타지자체부동산정보포털	기타
대지지분	전용면적, 공용면적	대지지분, 전용면적, 공용면적, 총세대수, 주차대수, 건축면적, 층별 총면적, 건폐율, 용적률, 건축면적 등	평면도, 설계도

※ 발코니(서비스)면적은 평면도, 설계도에서 확인하거나 실측 확인 가능

예 1 아파트의 내재가치 산정

대지 지분	평형	전용	공용	서비스	기타	용적률	세대수	인근대지 평균가격	사용 승인
7.66평	23	18	5	3	10	300	220	3,200만	2002년

1) 등기상지분으로 산정
- 대지가치 7.66 × 3,200만 원 × 300 / 200 × 1.4 = 5억 1,500만 원
- 건물가치 36평 × 550만 원 × 31 / 50 = 1억 2,300만 원
  내재가치합계 6억 3,800만 원

2) 대지지분 환산해서 산정
- 대지가치 11.5평 × 3,200만 원 × 1.4 = 5억 1,500만 원
- 건물가치를 평형당 1,000만 원으로 약식 산정 시
  23평형 × 1,000만 원 = 2.3억 × 31 / 50 = 1억 4,200만 원
  내재가치 합계 6억 5,700만 원

내재가치 기준으로 90~110%가 적정한 시장가격이다.

예2 빌라(다세대)의 내재가치 산정

등기지분	전용	공용	기타	해당 호수 전체면적	실제 용적률	환산한 대지가치	사용승인 (준공)	인접대지 평균가격
11평	17.2	1.5	0	18.7	170%	9.35평	2008년	3,000만 원

- 지분가치 : 11 × 3,000만 원 × 170 / 200 = 2억 8,100만 원
- 건물가치 : 18.7평 × 550만 원 × 37 / 50 = 7,600만 원
- 주차장 별도 6.2평 × 550만 원 × 37 / 50 × 1 / 2 = 1,300만 원

　　　　　내재가치 합계 3억 7,000만 원

빌라(다세대주택)는 확장면적, 서비스면적(발코니)을 알아내어 호수별 전체 면적을 어느 정도 정확하게 알아야 내재가치도 그만큼 정확도가 높다.

※ 참고공식 - 확장면적이나 서비스면적이 숨어 있는 실제용적률 공식
- 층별 건축면적 합계 ÷ 층별 대지지분 합계 = 실제용적률
- 층별 건축총면적 - (층별 전용면적 + 층별 공용면적) = 서비스면적, 확장면적
- 해당 호수지분 × 실제용적률 = 해당 호수 건물총면적

예3 단독주택 내재가치 산정

대지평수	건물현황	재건축 시 예상용적률	인접대지 평균가격
55평	지하 1층, 지상 2층 건물 총 90평 1990년 건축 시멘트 블록조 보증금 4천 월 170 임대수입 2층 주인 거주 노후주택으로 평가금액 0	170%	3,000만 원

- 대지평수 × 인접대지평균가격(용적률 200% 기준) × 예상용적률 / 200
- 단독주택 내재가치 : 55평 × 3,000만 원 × 170 / 200 = 14억 원

이와 같은 단독의 호가는 십중팔구 20억 원을 상회한다.
14억 원에 사더라도 수익을 실현하기란 쉽지 않은 물건이다.

예 4 **도시형 생활주택 원룸, 오피스텔의 내재가치 산정**

지분	전용	공용	서비스	실용적률	사용승인	환산지분	인접대지 평균가격	주차장
1.4	5	1.5	3	550%	2017	3.85	2,800만 원	3.6

대지가치 : 지분 × 인접대지평균가격 × 용적률 / 200
　　　　　1.4 × 2,800만 원 × 550 / 200 또는 3.85 × 2,800만 원
　　　　　= 1억 800만 원
건물가치 : 건물면적 × 550만 × 46 / 50
　　　　　9.5 × 550만 × 46 / 50 = 4,800만 원
주차장 : 3.6 × 550만 × 46 / 50 × 1 / 2 = 900만 원
내재가치 합계 1억 6,500만 원
(2021년 기준 실거래가격 1억 5,000만 원~ 1억 8,000만 원)

거래가율은 주거의 쾌적성, 효율성에 영향을 많이 받는다. 소규모 주상복합성 건물은 이러한 영향 때문에 거래가율이 낮은 편이다.

3. 재건축의 내재가치 공식

재건축을 위한 감정가격이 기준이 된다.

(실제 거래 가능금액보다 조합원 상호 간 상대적 가치를 위한 것임)

- 총분양수입 − 총사업비 = 분양수익

  분양수익 ÷ 조합원 감정가액 총액 = 비례율

  조합원 감정가액 × 비례율 = 권리가치

  분양가액 − 권리가치 = 분담금

  권리가치 − 분양가액 = 최저 청산금액

- 기타

  조합원 분양가격 : 세대별 사업비 + 권리가치 − 공여(잉여)지분가치

  공여지분 : 당초 조합원지분(종전지분) − 종후지분(분양지분)

  공여지분가치 : 공여지분 × 평당 권리가액(감정가) × 비례율

아파트 내재가치, 간단한 방법으로 알아보자!

1. 아파트의 내재가치는 제조원가와 재조달원가 방식으로 알아본다.

내재가치 : 건물가치 + 대지가치

원가 부문에서 제일 중요한 것은 대지가치다.
대지가치를 알면 집의 내재가치는 거의 아는 것이다.

건축비는 실제 건축비를 기준으로 한다.
평형당 1,000만 원을 원가로 보고 감가수정을 하거나, 실제 건축비를 계산
해서 산출하기도 한다.
32평형 × 1,000만 원 = 건축비 3억 2,000만 원
(대개 건축비는 평당 700만 원으로 잡고 32평형의 건축면적은 45평 정도다)

감가수정은 건축준공일로부터 경과된 연수는 공제한다는 것이다.

예를 들면 철근콘크리트조 아파트는 수명이 50년이다.(가정)

10년 된 아파트의 건축비는,
32평형 × 1,000만 원 × 40 / 50 = 건축비는 2억 5,600만 원

2. 대지가치

서울의 32평형 아파트가 18억 원이라면,
18억 원 - 2억 5,600만 원 = 대지가치가 15억 4,400만 원

3. 32평형에 필요한 대지는 16평이다.

등기부등본에 11평일 수도 있고 15평일 수도 있는데, 이것은 용적률이 기본율
인 200%보다 높다. 그렇기 때문에 대지가치가 상대적으로 높을 수 있다.
대지가치는 1544 ÷ 16 = 96.5
즉, 평당 9,650만 원의 가치가 있다는 것이다.

4. 일반적으로 용적률 200% 정도의 대지가 6.000만 원 정도면 이 대지가치는 적당하다.

- 대지가치 : 지분 × 대지평균가 × 실제용적률 / 200 × 대지P
- 등기상의 지분 10.7 × 6,000만 원 × 실제용적률 299 / 200 × 대지P 1.6
  = 15억 3,500만 원이다.

소수점 차이가 나서 약간의 차이는 있지만, 가치는 비슷하다.

원가 방식(재조달원가)의 내재가치다.

내재가치는 대지가치를 구하는 것이다.

내재가치에 비해 대지가치가 120% 이상 된다면 버블을 생각해야 한다.

(※120%가 버블의 절대기준은 아니지만 고평가됐다고는 볼 수 있다)

8;

재건축이 대세다!

재건축은 부동산 투자에서 절대 뺄 수 없는 매력적인 투자 물건입니다. 그런데 우리는 재건축에 대해 얼마나 잘 알고 있는 걸까요? 재건축 투자자들의 보편적인 생각은 이렇습니다. '재건축 물건을 하나 확보하면 아파트를 거저 한 채 얻겠군!' 참으로 단순한 생각이지 않나요?

재건축은 내 땅에 건물을 짓는 것입니다. 즉, 건축에 수반되는 여러 비용을 내야 합니다. 만약 내가 원하는 아파트 평수에 내가 가진 땅이 남거나 부족하면 형식적 정산을 해야 합니다. 땅(지분)이 남으면 분담금(재건축 총사업비에서 내가 내야 할 돈)에서 남은 땅값을 공제합니다. 만약 땅이 부족할 경우에는 다른 사람의 땅을 사서 계산합니다. 땅값은 권리가액을 산정할 당시의 감정가를 기준으로 하기 때문에 시세보다 아주 낮을 수도 있죠. 그래서 지분이 적을수록 유리하고 지분이 많은 사람은 불리한 게 현실입니다. 이는 조합원 분양가격을 낮추고 일반 분양가격을 높이는 원인이 되기도 하죠.

예를 들어볼까요? 평당 건축비가 1,000만 원이면 23평형은 2억 3,000만 원의 분담금이 발생합니다.

나의 대지값이 1억 원이 남는다면 분담금은,

2억 3,000만 원 - 1억 원 = 1억 3,000만 원이 되겠죠.

반면에 대지지분이 1억 원이 부족하면,

2억 3,000만 원 + 1억 원 = 3억 3,000만 원의 분담금이 발생합니다.

대략적인 계산은 사업시행과 관리처분 단계에서 추정해 산출한 금액이 기준이 됩니다. 관리처분은 실제 이행 가능한 수준으로 정교하게 이루어집니다. 만약 사업비가 10% 이상 늘어나면 조합원의 특별결의도 받아야 합니다. 관리처분 이후 사업비가 조금이라도 증가하면 조합원 총회를 거쳐야 하고요. 문제는 총회를 할 때마다 비용이 발생하고 거쳐야 하는 절차도 복잡해진다는 사실입니다.

재건축은,
나의 땅값 + 총사업비 중 나의 부담액 = 투자금

위의 공식에 따라 땅을 싸게 사고 사업비를 절약하면 투자금이 그만큼 줄어들어 나의 수익이 늘어나는 구조입니다.

예를 들어, 재건축 후 23평형 매매가격이 7억 원이면 다음과 같습니다.

1) 나의 땅(조합주택) 구입비용 2억 원(가정) + 분담금 2억 3,000만 원
   = 투자금 4억 3,000만 원

   • 나의 투자 수익 = 매매가격 − 투자금

   (2억 7,000만 원 = 7억 원 − 4억 3,000만 원)

2) 나의 땅 구입비용 1억 원, 분담금 2억 원 = 투자금 3억 원, 투자
   수익 4억 원

3) 나의 땅 구입비용 4억 원, 분담금 2억 5,000만 원 = 투자금 6억
   5,000만 원, 투자 수익 5,000만 원

재건축 투자 성공 여부는 얼마나 싸게 조합주택을 매입하고 사업비를 얼마나 절감했느냐에 따라 좌우됩니다. 가장 중요한 것은 수익이 실현이 됐느냐겠죠. 그 수익은 재건축 후 아파트를 매각할 때 발생하는 거래가격에서 파생됩니다.

재건축을 시작할 때는 부동산 경기가 좋았지만, 입주할 때와 매각할 시점에 재건축한 아파트의 시세가 떨어지면 그만큼 수익률도 줄어듭니다. 만약 일반 분양가격이 예정가보다 높게 책정되면 분담금은 감소되어 수익이 증가하겠죠. 반대로 일반 분양가격이 예상보다 낮아지면 분담금은 늘어나고 수익은 감소하게 됩니다.

재건축 A to Z

1. 재건축은 많은 기간이 걸리기 때문에 싸게 구입해야 입주 때까지 버틸 수 있습니다(최소 2년에서 길게는 15년).

2. 투자자 대부분은 저평가 시기에 움직이지 않고 도리어 상투 시점에 움직이는 행태를 보입니다. 재건축은 무엇보다 저평가된 시점에 움직여 구매해야 합니다.

3. 실제로 재건축이 이루어진다고 해도 재건축이 장기화되면 가격은 오르고 내리고를 반복합니다.

4. 재건축에서 건축비를 포함한 모든 사업 관련 비용은 사업비에 포함됩니다. 결국은 내가 부담해야 하는 비용임을 잊지 마세요.

5. 조합 총회를 하면 모든 과정이 돈이라고 생각하면 됩니다.
   교통비, 분양 수수료, 변호사비, 현금 청산, 건축비, 법무사비, 감정료 등등 수십 가지의 사업비는 내가 부담하는 것입니다. 사업비를 줄일수록 나의 수익도 늘어난다는 점, 명심하세요.

6. 분양은 재건축의 꽃입니다. 조합원에게는 낮은 분양가격을, 일반 분양은 높은 분양가격을 적용하는 게 전통직 관습입니다. 일반 분양가격을 잘 받거나, 입주 시 부동산 거래가격이 크게 상승했다면 성공적인 재건축이 되지만, 분양이나 입주 시점에 주변의 부동산

경기가 조정되거나 하락세가 되면 수익은 줄어들고, 부담금은 크게 늘어날 수 있습니다.

소규모 재건축의 분담금, 가치 계산법

노후화된 빌라를 재건축할 때 우리는 종종 중요한 것을 놓치는 실수를 범합니다. 특히 대지지분이 많거나 일조권이 좋은 경우는 더 심합니다. 집은 싸게 사는 것도 중요하지만 부담금을 줄이거나 현금 청산을 최대한 많이 받는 것도 중요합니다.

하나의 사례를 살펴보도록 합시다.

1. 권리가액 : 54억 원

   대지지분 10평, 총 18세대, 대지 총평수 180평

   (평당 권리가액 3,000만 원×10평 = 1가구당 권리가액 3억 원, 3억 원×18세대 = 총권리가액 54억 원)

2. 사업비 : 39억 원(건축비, 이주 관련 비용, 은행이자, 사업소득세 등)

3. 분양금액 : 96억 7,500만 원

* 비례율 : 분양수익 / 권리가액 (※ 분양수익 = 총분양금액-사업비)

   권리가치 : 권리가액 × 비례율

   분양가액 : 세대건축비 + 권리가치 - 공여지분가치

   분담금 : 분양가액 - 권리가치

• 공여지분가치

  공여지분= 당초 등기상 지분- 종후지분(재건축 후 받은 지분)

  공여지분가치 = 공여지분 × 평당 권리가액 × 비례율

  　　　　또는 공여지분 × 일반 분양 평당 대지가치

• 세대당 사업비(대지지분을 기준으로 계산)

  39억 원 ÷ 180= 대지 평당 사업비 2,166만 원(받은 지분을 기준으로)

• A씨의 경우, 받은 지분 8평(공여지분 2평)

  분양가액 4억 3,000만 원

  세대 건축비 8×2,166만 원 = 1억 7,333만 원

• A씨의 권리가치

  3억 원 × 107% = 3억 2,100만 원(3억 2,100만 원÷지분 10평 = 평당지

  분가치 3,210만 원)

• 사업장의 비례율

  분양수익(총분양가격 96억 7,500만 원 - 사업비 39억 원) = 57억 7,500만 원

  분양수익 57억 7,500만 원 / 권리가액 54억 원 = 107%

• 분담금

  분양가액 4억 3,000만 원 - 권리가치 3억 2,100만 원

  = 1억 900만 원

  실제 분담금은 이보다 2,000만 원을 더 받았을 것으로 추정

- 적정 분양가격

  세대별 사업비 + 권리가치 - 공여지분가치

  (8×2,166만 원 = 1억 7,333만 원) + 3억 2,100만 원 - 6,420만 원

  = 4억 3,000만 원

- 분양가액

  세대건축비 + 권리가치 - 공여지분

  (1억 7,333만 원 + 3억 2,100만 원 - 6,420만 원) = 4억 3,000만 원

앞의 사례는 평당 3,000만 원 정도로 보고 건축을 진행했는데, 당시 주변 시세보다 낮은 가격으로 분양했음에도 평당가치는 3억 2,100만 원으로 인정된 사례입니다.

여기서 알 수 있는 것은 재건축은 권리 기준가가 얼마인지 중요하지 않다는 사실입니다. 평당 권리가격이 3,000만 원이든, 2,500만 원이든 결과는 같습니다. 권리가격이 낮으면 비례율이 그만큼 올라가기 때문에 비례율을 곱한 권리가치 가액이 중요합니다.

또한 재건축을 하는 권리자 입장에서는 사업비를 줄이고 일반 분양가를 높이는 것이 가장 큰 이득을 취할 수 있는 구조가 됩니다. 이런 검증을 소홀히 하게 되면 대지 소유자는 나도 모르게 상당한 손실을 보게 되고, 건축주나 사업시행자가 폭리를 취하게 되는 다소 엉뚱한 결과가 튀어나올 수 있습니다. 청산금을 되돌려 받아야 하는데도 오히려 분담금을 내는 경우가 허다합니다.

빌라 재건축 내재가치

대지지분 10평×10세대를 나홀로 아파트나 빌라로 재건축하는 경우, 어떤 일이 발생할까? 이런 경우, 내재가치 분석은 대지가치 분석을 통해 실행한다.

1. 재건축 가능한 실제 평수(실제용적률, 일조권 분석)
2. 사업비(건축비와 금융 비용, 철거 비용, 설계, 감리 등 여러 비용)
3. 신축주택의 총분양가격
4. 새로 받을 신축주택의 예상가격(보수적으로)을 가지고 분석해볼 수 있다.

[예시] 총대지 100평 / 조합원 10평 / 실제용적률 250% / 건축비 평당 600만 원(조합원 1인당 건축비 1억 2,000만 원), 실사용 전용 14.5평(세대당 건물 전체면적 16.66평)

1. 가구별 대지 내재가치

세대별지분	평균가격	실용적률	대지 내재가치	대지P1.1적용 시
10평	3,000만 원	250%	3억 7,500만 원	4억 1,250만 원

• 지분 × 평균가격 × 실용적률 / 200 = 내재가치

• 지분 × 평균가격 × 실용적률 / 200 × 1.1 = 대지 프리미엄 감안 시

• 실용적률 = 세대당 건물 전체면적 ÷ 대지지분

• 대지지분이 각각 다르면,
  해당 층 건물 총면적 ÷ 해당 층 대지지분 = 실제용적률

• 대지지분 × 실제용적률 = 해당 호수 건물 총면적

2. 재건축 사업성 분석

재건축세대수	세대당 분양가격	총분양금액	총사업비	분양수익	평당지분가치
15	4억 원	60억 원	18억 원	42억 원	4,200만 원

• 지분가치와 실제 분양사업을 했을 때는 가격 차이가 상당한 차이가 날 수 있다.

3. 조합원 분석

평당 권리가액	분양대지지분가치	공여지분가치	분담금 또는 현금청산액	세대건축비
4,200만 원	6.664평×4,200만 = 2억 8,000만 원	3.336×4,200만 = 1억 4,000만 원	2,000만 원	1억 2,000만 원

• 분담금 = 분양가격 - 권리가격
• 청산금(수익금으로 되돌려 받는 금액) = 공여가치 - 건축비

지분이 많은 것과 적은 것의 차이?

공동주택에서는 지분이 많고 적음은 어떤 형태로 재건축을 할 것인가에 따라 희비가 교차합니다. 그렇다고 꼭 지분이 많은 집이 유리한 것도 아닙니다. 지분이 많은 경우, '도시 및 주거환경 정비법(도정법)'과 '주택법'에 따라 지분을 공여(할여)할지, 아니면 지분을 더 가져오고 대가를 얼마나 지불할지를 정합니다. 물론 그에 따라 투자 결과는 달라집니다.

도정법은 분양에 관해 법으로 규정되어 있어 선택의 폭이 좁습니다. 따라서 최대한 큰 평형을 선택하는 것이 유리한 경우가 많습니다. 예를 들어 32평형 아파트를 분양받는 데 10평의 지분이 필요하고 10평이 남는 경우는,

20평 지분 = 분양 지분 10평 + 할여 지분 10평

이처럼 20평에 대한 평가는 권리가격 산정을 위해서 하는 감정으로, 시세보다 아주 낮게 책정되는 것이 일반적입니다. 할여 지분에 대한 보상도 실질가치보다 낮게 보상을 받게 되므로 불리할 수밖에 없습니다. 만약 권리가격 산정을 위한 감정 시 평당 거래금액이 3,000만 원이라면, 실제 권리가치는 평당 5,000만 원이 넘을 수 있습니다. 평수가 10평이면 최소 2억 원 이상은 손해인 셈이죠.

당초지분 20평 평당감정가격 (권리가격)	분양지분 10평 권리가격(기준가격)	할여 지분 (보상기준)	할여 지분의 가치 (시장가치 평당 5,000~6,000만 원)
평당 3,000만 원 × 20평 권리가격 6억 원	10평 × 3,000만 원 3억 원	10평 × 3,000만 원 3억 원	10평 × 5,000만 원 5~6억 원

반면 주택법에 의한 건축은 당사자 간 협의를 통해 재건축이 이루어지게 됩니다. 따라서 지분 할여 없이 지분에 해당하는 건축물을 여러 채로 나누어서 가져오는 것이 더 유리할 수 있습니다. 그렇게 되면 적어도 대지의 실질가치는 전부 회수하게 됩니다.

만약 지분이 적은 경우는 어떻게 될까요? 지분이 4평이나 5평밖에 되지 않아 입주권 걱정을 하는 경우가 종종 있습니다. 조합원 수보다 재건축 세대가 많은 경우에는 입주권이 나오게 됩니다. 앞서 살펴봤듯이 지분이 4평인데 32평의 아파트를 분양받는 경우, 필요가 대지가 10평이면 부족한 대지 6평은 다른 조합원의 대지를 통해 공여받아야 합니다.

이렇듯 지분이 많다고 좋은 것도 아니고, 지분이 적다고 나쁜 것도 아닙니다. 단독주택은 지분이 많아서 여러 가지로 불리한 편입니다. 아파트, 빌라, 연립과 같은 공동주택은 권리가격 평가 시 기준일자의 실제 거래된 가격이 감정평가금액으로 나오는 경우가 많아서 어느 정도 적정성이 보장됩니다. 하지만 단독은 기준시가를 기준으로 평가하는 경향이 강해서 대지의 실제 가치에 비해 턱없이 낮을 수 있습니다.

재건축의 수익분석을 마스터하라

재건축을 통해 부동산 수익을 극대화하려면 어떻게 해야 할까요? 우선 재개발, 재건축, 가로정비, 다세대주택의 재건축은 수익성(사업성)을 분석해보고 투자 여부를 판단해야 합니다. 일반적으로 비례율로 수익성을 판단하지만, 비례율이 나올 즈음에는 상당히 진행된 상태일 가능성이 크고, 비례율이 나왔다고 하더라도 비례율은 예상 분양가격, 사업비 변동이 심해 사업성 분석에는 한계가 있습니다. 분양가격과 사업비의 변동이 없다면 비례율로 수익을 알아보는 것이 가장 적절하다고 볼 수 있죠.

재건축(재개발)은 계획부터 사업설명, 동의서 청구, 수차례의 조합설립을 위한 총회, 사업시행인가, 관리처분, 이주, 철거, 착공, 시공, 준공 등 절차만 밟다가 끝나는 절차사업이기도 합니다. 사업 기간도 짧으면 2년, 길게는 무려 15년 이상 걸리는 사업장도 많습니다. 그만큼 투자 시간을 길게 봐야 하고 지루한 싸움이 되기도 합니다.

재건축 기간 중에 땅값이 상승하게 되면 청산금액이 증가하기도 합니다. 경기 흐름에 따라 자재, 인건비와 같은 건축비가 증가하기도 하죠. 민원이나 정부 정책의 변경 등 각종 돌발변수가 튀어나오기도 합니다. 따라서 분양 수입금은 물론, 사업비 자체의 변동 폭도 심한 편이죠.

- 재건축의 비례율 공식은,

분양수익 ÷ 조합원 권리가격 총액입니다.

즉, 분양수익이 높을수록 조합원의 수익이 많아지는 구조입니다.

- **총분양수입**(아파트, 상가 등 사업 총수입) - **총사업비**(건축비, 금융이자 및 일체비용) = 분양수익

  조합원권리가격총액 = 종전자산가격(상대적 가격으로 고정가격임)

아무리 사업분석을 잘해도 총분양수입과 총사업비가 들쭉날쭉하면 비례율은 아무런 의미가 없습니다. 재건축(재개발)은 분양 시점에 운도 따라야 하지만, 사업비를 최소화시키는 것이 수익성을 극대화시킵니다.

사업비는 무엇보다 조합장의 역량에 따라 크게 차이가 나기도 합니다. 능력 있는 조합원들이 합심해 회의 참석률이 높을수록 사업비는 줄어듭니다. 반대로 서면 결의가 많은 조합일수록 부실률도 크게 올라갑니다. 당연히 사업비도 더 많이 지출되겠죠. 세상에 공짜는 없습니다. 무관심은 분담금 증가로 바로 이어집니다.

이런 사업장이 있다고 가정해봅시다.

- 조합원 100명인 재건축(재개발) 조합

  권리가격(조합원 종전자산) : 평당 1,000만 원×20평

  1인당 = 권리가격 2억 원(매입가격 2억 5,000만 원)

  조합원 1인당 지분 20평, 1인당 사업비 2억 5,000만 원

  분양예정가격 25평형 : 평당 2,000만 원×25 = 5억 원

- (총분양수입 500억 원 - 총사업비 250억 원) 분양수익 / 권리가격 200억 원

  분양수익 250억 원 / 권리가격총액 200억 원 = 비례율 125%

- 조합원 자산가치 1인당 2억 5,000만 원(2억 원×125% = 2억 5,000만 원)

  조합원 분담금 분양가격 5억 원 - 자산가치 2억 5,000만 원 = 분담
  금 2억 5,000만 원

- 평당 분양가격이 1,500만 원이면,

  총분양수입 375억 원 - 총사업비 250억 원 = 분양수익 125억 원

  분양수익 125억 원 / 권리총액 200억 원 = 62.5% 비례율

  보합원 권리가치 : 권리가액(최근 감정가) × 62.5% = 1억 2,500만 원

  분양가격(1,500만 원 × 25평) - 권리가격 = 분담금

  3억 7,500만 원 - 1억 2,500만 원 = 2억 5,000만 원

분양가격과는 관계없이 분담금은 2억 5,000만 원입니다.

즉, 수익은 실제 거래 가능금액이 얼마냐가 중요합니다.

- 실제 거래 가능금액이 6억 원이면,

  분양가격 평당 2,000만 원

매입가격 2억 5,000만 원 + 분담금 2억 5,000만 원

= 투자 비용 5억 원

매매가격 6억 원 – 투자 비용 5억 원 = 수익 1억 원

• 분양가격 1,500만 원

매입가격 2억 5,000만 원 + 분담금 2억 5,000만 원

= 투자 비용 5억 원

매매가격 6억 원 – 투자 비용 5억 원 = 수익 1억 원

분양권 매매 가능 시점에 실제 거래 가능가격이 그만큼 중요하다는 사실을 알 수 있습니다.

• 1인당 사업비를 2억 원으로 줄여서 계산하면

평당 분양가격이 2,000만 원일 경우,

총분양수입 500억 원, 총사업비 200억 원, 종전가격(권리기준가)

200억 원

300 / 200= 비례율 150%

권리가치(200억 원×150% = 300억 원 ÷ 100 =1인 가치 3억 원)

분담금 분양금액 5억 원 – 권리가치 3억 원 = 분담금 2억 원

• 평당 분양가격이 1,500만 원일 경우

총분양수입 375억 원 – 총사업비 200억 원 = 분양수입 175억 원

분양수익 175억 원 / 권리가격(최초 감정가) 200억 원 = 87.5%(비례율)

1인당 권리가격(최초 감정가) 2억 원 × 87.5% = 권리가치 1억 7,500만 원

분양가격(3억 7,500만 원) - 권리가치(1억 7,500만 원) = 분담금 2억 원

• 수익 계산은,
  매입 2억 5,000만 원 + 분담금 2억 원 = 투자금 4억 5,000만 원
  6억 원 - 4억 5,000만 원 = 수익 1억 5,000만 원

이렇듯 조합원 분담금은 사업비를 최소화하고 일반 분양수입을 늘리면 사업성은 좋아집니다.

PART

02

서울, 수도권
집을 사려면
대지가치를 고려하라

1;

입지의 가치가
곧 대지가치

서울이나 수도권에 집을 사려는 사람들이 정말 많습니다. 교통도 편리하고 학군도 좋고 무엇보다 생활편의시설이 다 갖추어진 대도시이기 때문이죠. 누구에게나 인기가 많기 때문에 그 어느 지역보다 부동산 가격이 장난 아니게 높습니다. 수요가 많은 만큼 당연하다고 볼 수 있겠죠.

그렇다면 서울이나 수도권에 집을 살 때는 무엇을 제일 먼저 고려해야 할까요? 앞서 언급한 교통, 학군일까요? 아니면 한강이 보이는 조망권 같은 걸까요? 개인마다 집을 선택하는 가치 기준은 다르겠지만, 그래도 선택할 때 도움이 되는 기본가치가 있습니다. 바로 대지가치입니다.

서울, 수도권처럼 대도시를 이루고 있는 곳에 집을 구입할 때는 대지가치에 중점을 두는 것이 가장 안전합니다. 대지가치는 상승하는 힘이 있고, 건물가치는 반대로 시간이 흐를수록 하락하는 성질이 있습니다.

대지가 열 배 오르는 동안, 집값은 세 배 오르는 것은 어느 나라나 비슷합니다.

대지가치는 언뜻 복잡한 구조를 갖고 있는 것처럼 보이지만, 과학적 분석이 아주 불가능한 것도 아닙니다. 대지가치를 제대로 안다면 내가 집값의 온전한 주인이 될 수 있습니다.

입지를 고려할 때 중요한 키워드 - 일조권, 용적률

집값을 우리는 흔히 '건물값'이라고 알고 있지만, 그 안에는 숨은 '대지값'이 크게 작용하고 있습니다. 즉, 대지값이 오를수록 집값에서 대지가치가 차지하는 비중은 커집니다. "판매자 여러분 주목하세요! 위치, 위치, 위치가 생명입니다!" 이 문구는 1926년 미국 시카고 트리뷴의 부동산 광고에 쓰인 카피입니다. 그만큼 대지가치는 '입지'에 있다는 것을 강조한 광고입니다.

입지는 무엇을 기준으로 보고 파악할 수 있을까요? 바로 '일조권'과 '용적률'입니다. 일조권은 건물을 지을 때 인접 건물에 일정량의 햇빛이 들도록 보장하는 권리를 뜻합니다. 사람은 살면서 햇빛을 꼭 봐야합니다. 인체의 발육을 위해서도, 건강관리를 위해서도, 또 정신건강을 위해서도 일조권은 굉장히 중요합니다. 우리는 종종 일조권을 침해받았다며 손해배상을 하는 사람들을 보게 됩니다. 그만큼 일조권은 부동산의 입지에서 아주 중요한 역할을 합니다.

용적률은 '건축물 총면적의 대지면적에 대한 백분율'을 뜻하는데, 입지에서의 용적률은 법정 용적률과 다소 차이가 있습니다. 입지에서 중요하게 보는 것은 '가능용적률'로, 그 비율이 높을수록 입지의 가치는 높아지게 됩니다. 가능용적률이란, 예상용적률로, 신축할 때 적용 가능한 실제용적률을 뜻합니다.

등기부등본상의 대지 평수는 사실 그냥 숫자에 불과합니다. 가능용적률에 따라 평수의 가치가 달라지는데 등기부등본상의 대지가 만약 10평이라고 가정해봅시다.

A라는 대지는 가능용적률이 150%이고,

B라는 대지는 가능용적률이 300%일 때,

대지의 가치 평수는(주택의 경우 기본용적률이 200%이고 표준가격도 200% 용적률을 적용한다),

- A : 10평 × 150 / 200 = 7.5평의 가치
- B : 10평 × 300 / 200 = 15평의 가치

10평의 지분인데 A와 B 둘 다 3억 원에 매입했다면, A는 평당 4,000만 원을 주었고, B는 평당 2,000만 원을 준 셈입니다. A는 2억 원을, B는 4억 원을 주고 샀으면 공평한 거래입니다. A는 B보다 배로 비싸게 사기도 했지만, 실제로 가치 면에서 B보다 가치가 떨어진 대지일 가능성이 더 큽니다.

서울은 뭐니 뭐니 해도 땅

부동산 소액 투자자들에게 조언하자면, 서울은 뭐니 뭐니 해도 '땅'이라는 것을 명심해야 합니다. 서울에서 소액 투자나 적은 돈으로 내집 마련의 기회를 계획하고 있다면, 땅의 지분을 적은 금액으로 확보하는 게 무엇보다 중요합니다.

집을 살 때 '소액 투자'의 개념이 있습니다. 즉, 아파트를 전세를 끼고 살까 말까 하는 경계금액을 말하는데요. 예를 들어, 9억 원의 아파트를 사려고 하면, 그 아파트가 전세 5억 원이면 4억 원은 수중에 가지고 있어야 합니다. 5억 원짜리 아파트는 전세가격이 3억 5,000만 원으로, 1억 5,000만 원은 있어야 하죠.

기준에 따라서는 소액 투자가 1,000만 원이 될 경우도 있고, 4억 원이 될 경우도 있습니다. 어느 요지에 평당 5,000만 원이 되는 땅이 있다고 가정해봅시다. 10평을 사려면 5억 원이 필요하겠죠.

1번 사람 : 5억 원을 주고 산다 - 5억 원 투자

2번 사람 : 경매로 3억 원에 산다 - 3억 원 투자

3번 사람 : 빌라 지분 10평을 5억 원에 사서 3억 5,000만 원에 전세 놓는다 - 1억 5,000만 원 투자

4번 사람 : 반지하 빌라를 2억 원에 사서 진세 1억 7,000만 원에 놓는다 - 3,000만 원 투자

누가 가장 현명할까요? 10년의 세월이 흘러 대지 위에 건물을 짓는다고 상상하고, 10평의 가치가 10억 원이 됐다고 생각해봅시다. 투자 수익은 어떻게 됐을까요?

1번 사람 : 100%(그래도 대단한 수익입니다. 은행에 넣으면 연 2% 가정해도 수익은 20%이기 때문)

2번 사람 : 233%

3번 사람 : 566%

4번 : 3,233%

단순하게 비교하긴 했지만, 부동산이란 바로 이런 것입니다. 그래서 수익률 공부도 필요합니다. 실제로는 땅만 구입하고 제대로 활용하지 못하는 경우도 부지기수입니다. 땅의 가치를 아는 순간, 돈은 전부가 아니라는 것을 깨닫게 됩니다. 3,000만 원의 땅 100평을 사려면 30억 원이 필요하지만, 가치 있는 땅에 전세를 끼고 투자를 하게 되면 말이 달라집니다. 즉, 100평을 3억 원에 살 수도 있고, 5억 원에 살 수도 있습니다. 경우에 따라서는 1,000만 원에 살 수도 있는 것이죠. 극단적으로 돈이 없이도 사는 경우도 있습니다. 집을 빨리 팔아야 하는데 안 팔리면 오히려 웃돈을 주고 집을 파는 경우가 생길 수 있기 때문입니다.

사람은 살다 보면 여러 가지 상황이 생깁니다. 그런 경우가 과연 있을까 싶다고요? 실제로 종종, 꽤 많이 벌어지곤 합니다. 쓸모없는 땅은 수중에 지니고 있어봐야 고민만 늘어납니다. 내재가치가 풍부한 땅, 머지않아 재건축할 수 있는 땅, 남이 쳐다보지 않는 땅 등 이런 땅이 투자하기 좋은 땅, 소유하고 있기 좋은 땅입니다. 남들이 다 같이 쳐다보고 투자하는 땅은 이미 늦은 땅입니다.

2;

10년이면 강산이
변하고도 남는다

아파트나 빌라는 대표적인 공동주택입니다. '집합건물의 소유 및 관리에 관한 법률'에서 토지와 건물을 일체로 보고 있고, 감정평가도 일체로 합니다. 그러고 난 후, 대지와 건물의 가격을 따로 구분하기도 하죠.

거래가격이나 감정가격도 주변 지역 인접물건의 매매사례에 의해서 가격을 정합니다. 다만 신축은 제조원가에 수익과 거래비용을 더해서 가격이 정해집니다. 수익과 거래비용이 얼마나 과다 책정됐는지는 내재가치를 통해서 알 수 있습니다. 과다하게 책정된 가격은 고스란히 매수인이나 세입자가 책임을 지게 됩니다. 집주인이 새로운 세입자를 구하지 못하거나 지급불능의 사태가 발생하게 되는 것은 과다 책정된 수익과 거래비용이 그 원인입니다.

집을 사면서 고평가된 집을 피할 수 있는 방법은 무엇일까요. 전세를 비싸게 들어가지 않으려면 대지가치와 건물의 사용가치를 반드시 확인 해야 합니다. 대지는 등기상의 대지가치보다 내재가치를, 사용가치는 건물의 크기, 구조, 주차, 일조량, 위치 등을 종합적으로 고려해서 판단 합니다.

땅의 가치를 알아가는 것이 저평가된 물건인지, 아닌지를 바로 알아 보는 방법입니다. 부동산 투자에서 트렌드는 수시로 변합니다. 10년이 면 강산이 변한다고 하죠? 당연합니다. 그런데 부동산을 싸게 사는 원 칙은 변하지 않습니다. 부동산을 싸게 사려면 꼭 '내재가치'와 '거래가 율'을 머릿속에 각인하셔야 합니다.

대지지분과 집값

"대지지분이 몇 평인가요?" 빌라를 사려고 할 때 많은 사람이 궁금 해하며 던지는 질문입니다. 그런데 과연 대지지분의 뜻과 가치 기준을 제대로 알고 질문하는 것일까요? 거의 대부분의 경우 아닐 것입니다.

대지지분은 신축 건물에서는 사실 별 의미가 없습니다. 대지지분이 중요한 이유는 새로 건물을 지을 때 대지 한 평에 건물을 몇 평이나 지 을 수 있느냐에 따라 가치가 달라진다는 단순한 이유 때문인데, 건물을 많이 지을 수 있는 대지일수록 그 가치가 좋습니다. 신축 건물은 실제 전용으로 쓸 수 있는 면적이 얼마나 나오느냐가 더 중요합니다. 등기상 에 대지는 10평인데, 건물이 12평, 18평, 30평 등 다양하게 건축될 수 있습니다. 대지는 건물을 위해 존재하므로 대지지분보다는 건물의 크기가 더 중요하다는 뜻이죠.

재건축이 예상되는 대지는 대지 평당 지을 수 있는 건물의 평수에 따라 가치가 정해집니다. 10평의 대지에서 일반 주거지역의 경우는 12~30평, 상업지역에서는 그보다 훨씬 많이 지을 수 있습니다.

중간지대, 즉 이것도 저것도 아닌 빌라는 주거, 사용가치에 중점을 둡니다. 1991~2001년 사이에 지어진 집은 대개 중간지대로 평가합니다. 1991년 이전에 지어진 빌라는 향후 재건축 예상을 기반으로 한 대지가치를, 2002년 이후에 지어진 빌라는 건물, 즉 실사용 평수를 중점으로 대지가치를 판단합니다. 중간지대의 빌라는 대지와 건물에 상호 비슷한 가치가 있는 빌라입니다.

대지지분은 몇 평인가도 중요하지만, 더 중요한 가치는 따로 있습니다. 바로 대지의 '효율성'입니다. 또 단순하게 대지의 평수가 전체적으로 클수록 대지가치는 올라갑니다. 반대로 적어질수록 일조권에서 불리하기 때문에 가치는 차감됩니다. 그렇다고 대지지분을 절대적 기준으로만 판단하면 안 됩니다.

10년 만에 강산이 변했다

최 할머니는 1989년부터 마포구 성미산 인근의 단독주택에 거주하다가 2009년 김포에 사는 딸 아파트에 한 번 다녀와서는 밤잠을 설쳤습니다. 그동안 단독주택에서 살면서 세입자 관리하랴, 집 관리하랴, 바쁘기만 하지 별 재미가 없었기 때문입니다. 월세 수입은 없고 전세만 관리하다 보니 세입자가 나가면 모아둔 돈들이 수리비, 도배, 장판, 중개비로 소리 없이 나가버려서 여러 가지로 힘들고 애물단지로 여기고 살았던 것이죠. 그에 비해 딸이 가진 아파트는 관리도 쉽고 살기에 편해 보였습니다.

그래서 할머니는 할아버지를 설득해 집을 팔고, 딸이 사는 김포아파트로 이사를 가기로 결정했습니다. 처음에는 이사 가서 기분이 너무 좋았습니다. 그런데 시간이 갈수록 옛집이 그리워지기 시작했습니다. 결국, 9년 전에 살던 곳으로 다시 이사를 왔습니다. 하지만 살던 아파트를 팔아도 서울의 빌라 전셋값을 충당하기에 너무 빠듯했습니다. 도대체 왜 그런 일이 발생하게 된 것일까요?

최 할머니 재산 변동 과정

일자	소재지	물건 내용	내재가치	매매가격
2009년	마포구 성산동	대지 60평 단독 (전세 4가구 보증금 3억 원)	9억 원	6억 5,000만 원
2009년	김포아파트 구입, 입주	32평형 신축	2억 5,000만 원 정도	2억 8,900만 원
2017년	성산동 단독가치		14억 원	15억 원 이상
2017년	김포아파트 매각	32평형	?	2억 9,000만 원

할머니는 빌라에 이사 와서 한숨만 늘었습니다. 이사하지 않고 있었다면 15억 원 이상의 재산이 그대로 있었을 텐데, 괜히 단독주택을 팔고 이사를 한 것이 후회스러웠습니다. 내재가치가 있는 재산을 처분할 때는 유의할 점이 있습니다. 그와 비슷한 물건을 최대한 빨리(계약금을 받고 2~3일 이내) 재구입해야 재산 손실과 리스크를 예방할 수 있습니다.

시간이 흐를수록 대지에 대한 내재가치는 계속 올라갑니다. 수도권은 서울에 비해 대지가치가 상당히 낮습니다. 수도권이나 지방 부동산의 내재가치를 고려할 때 가장 중요한 것은 공급의 탄력성입니다. 부동산이 조정기나 불경기에 접어들 때는 대지가치는 무시당하기 일쑤입니다.

재테크를 잘하는 방법은 부동산을 많이 알고 정보와 지식을 취합해 무장하는 것입니다. 그래야 리스크가 줄고 성공 확률이 늘어납니다. 땅은 1평이든, 100평이든 입지의 형편에 따라 가치는 몇 배에서 몇십 배씩 차이가 납니다. 세상에 똑같은 부동산은 하나도 없습니다. 땅을 종류별로 소유하고 있으면 재미있는 일들이 많이 발생합니다.

아찔한 경험

이만복(가명) 씨는 1958년생 개띠이고, 베이비부머 세대입니다. 이제는 집에서 쉬고 있어 수입은 무일푼이죠. 부인과 함께 거주하고 있는 집은 1983년에 건축된 빌라로, 이만복 씨가 가진 재산의 전부입니다. 이 빌라는 부부가 거주하기에는 딱 좋았지만, 집이 오래되다 보니 부인의 잔소리가 심했습니다.

이만복 씨 부인의 소원은 주변에 새로 생기는 빌라로 이사 가는 것이었습니다. 동네 부동산 중개업소에 들러 매수할 타이밍을 보았지만, 딱히 뾰족한 수가 없었습니다. 거주하고 있는 집의 대지지분이 21평이라 많은 편에 속했지만, 위치가 별로여서 매매가 잘 이루어지지 않았기 때문입니다. 시세가 3억 원 정도여서 팔아봤자 조그만 빌라 한 채 사면 끝이었습니다.

부부가 다녀본 부동산 중개업소에서는 한결같이 집을 팔라고 적극적으로 권하기는 했습니다. 집도 오래되고 수요도 없는 위치이기 때문에 팔리려면 또 기다려야 한다는 말도 들었습니다. 몇 번의 중개업소 방문으로 부부는 지쳐갔습니다. 누구 말이 진짜인지 판가름도 잘 안 됐고 괜히 조롱받는 기분도 들어서 불쾌했습니다. 그렇다고 싼 가격에 집을 내놓자니 노후가 막막했습니다.

그러다 어느 부동산 중개업소 사장이 "건물값은 거짓말을 하지만 땅은 거짓말을 하지 않는다"라는 말을 했습니다. 부부에게는 이 말이 그럴듯하게 와닿았습니다. 집은 오래됐지만, 지분이 많아서 재건축하게 되면 적어도 5억 원 이상의 가치가 있다는 것이었습니다. 인내와 희망을 품고 믿고 기다린 부부는 2017년에 건축업자가 전체 세대를 5억 원씩에 사겠다는 제안을 들었습니다.

부부가 소유한 빌라의 내재가치

대지지분	평당 시세	예상 실용적률	대지의 내재가치	매매가격
21.16평	2,600만 원	240%	6억 3,500만 원	5억 9,000만 원

(지분 × 평당시세 × 240 / 200 × 대지P)
※ 대지 프리미엄은 미계상

구세주처럼 나타난 건축업자는 일괄 매입해서 빌라 재건축 사업을 하겠다고 했습니다. 통매매는 시세보다 비싼 경향이 있습니다. 평소 3억 원에 팔기도 버거운 물건을 5억 원에 사겠다고 하니 부부는 뛸 듯이 기뻤습니다.

결국, 최종 매매가격을 5억 원대 후반으로 일괄 계약이 이루어졌습니다. 부부는 계약금을 받자마자 32평 아파트를 구입하기 위해 나섰습니다. 빌라를 판 돈에 몇천만 원을 더해 빚도 없이 아파트를 샀습니다.

조금 버티고 인내하며 견뎠더니 빌라를 좋은 가격에 팔 기회가 부부에게 온 것입니다. 부부는 노후의 불안을 한 방에 해결해서 한시름을 크게 덜었습니다. 전문가를 잘 만나는 것도 운이었고, 소신껏 이성적으로 생각하고 시기를 보며 행동한 것이 좋은 결과를 불러온 것이죠. '운도 준비된 자에게 따른다'라는 것을 실감한 순간입니다. 아파트 가격이 10억 원 가까이 올라서 생활비가 부족하면 주택연금으로 해결할 것이라고 하면서 노년에 돈벼락 맞은 것을 즐겁게 여기며 살고 있습니다. 지금 신청하면 연금도 매월 250만 원 이상은 족히 나올 것 같아 이제는 노후 걱정이 하나도 안 된다고 합니다.

3.

땅값과 허당의
간극을 메워라!

투자를 잘하려면 투자자의 관점으로 바라봐야 합니다. 하지만 이게 말처럼 쉽지는 않습니다. 자꾸 훈련하고 실전에 뛰어들어야 하는데, 부동산을 사고파는 행위는 그렇게 자주 오는 것도 아닙니다. 가장 좋은 방법은 여러 사례를 분석하고 자신의 상황에 대입해보는 것입니다. 그래야 리스크도 줄이고, 실제 투자를 할 때 떨지 않을 수 있습니다. 이제 돈을 갖고 실전에 뛰어든다고 생각하고 잠시 상상해보세요. 어떻게 하면 투자에 성공할 수 있는지 시작해보겠습니다.

📍 평당 3,000만 원인 대지 10평을 사는 방법

- 투자 관점
  1. 대지 10평 × 3,000만 원 = 3억 원
  2. 3억 원 − 전세 2억 5,000만 원 = 5,000만 원

3. 3억 원 - 전세 1억 5,000만 원 = 1억 5,000만 원

4. 3억 원 - 보증금 3,000만 원 / 월100만 원 = 2억 7,000만 원

- 1평 사는 데 소요되는 금액

1번 - 3,000만 원

2번 - 500만 원

3번 - 1,500만 원

4번 - 2,700만 원

- 100평을 사려면?

1번 - 30억 원

2번 - 5억 원

- 2년 후 평당 500만 원 상승 시

1번 - 30억 원 투자, 수익 5억 원 : 수익률 16.7%, 연평균 8.3% 수익률

2번 - 5억 원 투자, 수익 5억 원 : 수익률 100%, 연평균 50%

투자 수익의 핵심은 저평가물건을 매입하고, 투자금(갭 차이)이 적을 수록 유리합니다. 저평가됐지만 투자금이 많으면(전세금이 적은 경우) 투자 차익 기대는 양호하지만, 반대로 수익률이 떨어질 수 있습니다. 따라서 경험과 다양한 수익구조를 미리 알아볼수록 유리합니다. 세상에 쉬운 투자는 결코 없기 때문이죠.

투자의 핵심은 '땅값'입니다. 서울이나 핵심지역의 아파트, 빌라의

주된 가치는 대지에 있습니다. 즉, 집값의 80% 이상을 차지하는 게 바로 땅값입니다. 성공적인 투자를 이루기 위해서는 이 사실을 결코 잊어서는 안 됩니다.

등기상의 대지지분 믿지 마라, 가끔은 허당이다

보이는 것이 전부가 아닌데도 불구하고 우리는 종종 보고 싶은 것만 볼 때가 많습니다. 부동산 투자라는 큰돈이 오고 갈 때도 우리는 보고 싶은 것만 보고는 큰 손해를 입기도 하죠. 특히 서류상에 보이는 숫자에 현혹되어서는 안 됩니다. 명심하십시오. 등기상의 대지지분은 다 믿지 마세요.

한 빌라의 내재가치 분석표 사례

호수	전용	세대 총면적	공용	실사용	지분	실제 용적률	내재가치	실거래 가격	거래가율
201	10.7	12.8	2.5	10.3	8.8	145%	253	250	99%
202	10.7	12.8	2.5	10.3	8.8	145%	253	250	99%
소계		25.6			17.6				

1. 실제용적률이 표준용적률 200% 이하인 경우

실제지분(효용)가치는 환산하면 6.38평이죠. 사고팔 때 지분의 효용가치는 등기상 지분인 8.8평보다 2.42평이나 적습니다. 돈으로 환산해도(평당 3,000만 원 × 2.42평) 7,260만 원이나 차이 나네요. 즉, 대지지분으로 거래를 하면 7,260만 원을 더 주고 살 수 있다는 이야기입니다.

2. 환산 또는 효용가치지분 계산 방법

- 세대 총면적 ÷ 2 = 12.8 ÷ 2 = 6.4
- 지분 × 실제용적률 / 표준용적률(200)

  8.8 × 145 / 200 = 6.38

  ※ 반올림, 소수점 영향으로 미세하게 차이는 남. 금액에는 큰 영향 없음

3. 신축에 가까운 이 빌라는 대지평수보다 건물평수가 기준이 되어 가치를 형성

2002년 이후 건축한 빌라는 대지지분보다 건물의 크기, 규모, 구조 (평면도)에 가치의 비중을 둡니다. 대지지분의 건물의 크기에 따라 대지의 효용이나 환산지분이 결정된다는 점을 꼭 기억하시길 바랍니다.

 내 집 마련 부동산 TIP

성공하는 부동산 투자를 위해 명심해야 할 수칙

1. 대지를 싸게 사는 방법을 배워야 한다.
2. 대지가치를 제대로 알아야 한다.
   등기상의 평수를 과신하지 마라.
3. 건물가치는 자연스럽게 감가상각이 된다.
4. 수요가 집중된 물건들은 저평가된 것을 찾기 어렵다. 후발 투자는 피하라.
5. 갭(투자금)이 적은 물건일수록 고평가되어 있을 가능성이 크므로 그 물건의
   내재가치를 분석하라.
6. 저평가된 물건일수록 환금성과 안전성이 좋다.
7. 위치(교통과 환경), 구조, 외관, 주차의 편리성도 고려해야 한다.

4;

대지가치 실전
분석 사례

내재가치는 가격의 안정성에 주목합니다. 현재보다 과거 6개월부터 1년 전 사이의 가격을 기준으로 삼곤 하죠. 현재가격은 어느 정도 시간이 지나야 가격의 안정성이 확보되기 때문에 일시적 가격으로 봅니다. 따라서 매매하고자 하는 지역에서 최근 1년 이내 거래된 단독주택이나 재고 빌라의 평당 대지가격을 기준으로, 현재 시장 상황을 고려해 매매에 나서면 됩니다.

미래의 호재를 너무 고려하면 오히려 비싸게 살 우려가 있습니다. 최근 마포구 망원동 단독주택이 평당 3,500만 원에 매매된 적이 있었습니다. 1년 전에 비슷한 단독주택은 2,800만 원에, 1991년에 건축된 빌라는 평당 2,800만 원에 거래됐죠. 2008년에 건축된 빌라는 평당 2,500만 원에 거래됐습니다. 단독주택과 1991년에 지은 빌라는 건물값을 0으로 하고, 2008년에 지은 빌라는 건축비를 차감(감가상각)한 가격입니다. 이것이 부동산 상승기든, 하락기든 보편적인 거래 패턴입니다.

이런 경우, 대지의 기준가는 평당 2,800만 원이 됩니다. 2008년 건축된 빌라를 산 매수자는 평당 300만 원을 싸게 산 셈이죠. 실제 매매 현장에서는 최근 거래된 대지 평당 거래가격이 3,500만 원에 거래된 사례도 있었지만, 이러한 경우는 일시적 고평가로 여깁니다.

건축업자들이 부동산 경기가 좋을 때 고평가된 단독주택을 사는 것은 하나도 이상할 것이 없습니다. 그들은 단독주택이나 대지, 빌라 등을 통매매해서 아무리 비싼 가격에 매입했어도 빌라나 소형 아파트로 재건축해 충분한 이익을 남길 수 있기 때문입니다. 하지만 보통 사람들은 그렇게 하기가 힘들겠죠. 그래서 건축업자들이 부동산 경기가 좋을 때 사들이는 대지가격은 기준가 산정 시 표본에서 제외하게 됩니다.

대지의 기준 가격은 내재가격의 정확도에 결정적인 역할을 합니다. 건축비는 건축면적에 따라 큰 차이가 없기 때문인데요. 관심 있는 아파트나 빌라의 주변 대지가격을 알아보는 것은 투자할 때 실패를 최소화할 수 있는 안목을 길러줍니다.

내재가치는 대지에서 나온다고 해도 과언이 아닙니다. 우리 집 주변, 사고자 하는 지역의 대지값을 알아보는 것은 아파트나 빌라의 가격이 얼마인지 아는 것보다 훨씬 가치 있는 일입니다.

초보 투자자 울린 대지가치

2008년은 빌라 투자가 활발했던 시기입니다. 빌라는 재건축 투자로 시작해서 묻지 마로 끝났습니다. 결과는 비슷비슷했고, 행운이 누구 편에 섰는지가 관건이었죠.

30대 초반인 최모 씨는 부인과 함께 대전에서 직장을 다니면서 재건축에 관심을 가지기 시작했습니다. 그는 마포구 망원동에 있는 대지지분 8평, 건물 11평인 신축 빌라를 2억 5,000만 원에 샀습니다. 전세 1억 5,000만 원을 놓는 조건으로 매입했으니 투자금은 1억 원 정도였죠. 그런데 5년이 흐르고 집을 팔려고 하니 부동산 중개업소에서는 1억 7,000만 원도 받기 힘들다고 했습니다. 구입 당시 망원동이나 합정동, 서교동의 땅값이 평당 4,000~5,000만 원 한다는 소문도 크게 돌았습니다.

최씨의 생활권은 대전이었는데, 그가 투자 정보를 얻은 것은 신문이나 방송이 전부였습니다. 대지가 8평이고 평당 낮게 잡는다면 4,000만 원으로 계산해도 대지값만 3억 2,000만 원, 건물 신축비도 6,000만 원 정도로 줄잡아 원가만 해도 최소 3억 8,000만 원이라는 계산이 나와 구입했던 것이었습니다. 그 당시에는 싸게 샀다며 좋아했는데, 상황이 이상하게 흘러가버린 것입니다.

실제 이 빌라의 내재가치는,

(대지평당 용적률 200% 가능한 인접 시세 1,650만 원 건축비는 평당 350만 원 내외)

- 대지가치 : 8평×1,650만 원×150 / 200 = 9,900만 원

　건물가치 : (등기 11평 + 기타 6평)×350 = 5,950만 원

　　　　내재가치 1억 5,850만 원

매매가격은 건축주 수익 등을 감안해도 1억 8,000만 원 내외입니다. 결국 최씨는 너무 비싸게 산 것이죠.

　투자 수익은 내재가치를 기준으로 하면 최소한 원금 보전은 할 수 있습니다. 최씨는 그 사실을 간과한 것입니다. 부동산이든, 주식이든 내재가치에 답이 있습니다. 내재가치를 기준으로 삼아 저평가된 부동산을 고른다면 투자 차익은 클 것입니다.

소규모 재건축 가치분석 사례

　전철이 300m 이내에 인접한 마포구 역세권 재건축 사례입니다. 총 대지는 574평입니다.

　일대일 재건축(일반 분양 없고, 소유자 전원 입주)이고, 재건축 시 건축비(사업비)는 지분 소유자들이 균등 부담했습니다.

대지지분 가치평가

대지지분	환산지분	내재가치	예상 실용적률	실제거래	거래가율	인접지 평균가
19.2	24	720	250%	588	81.6%	3,000만 원

• 재건축 시 총투입비용

지분매수비용 + 사업비

• 사업비 예상

예상건축면적	평당 건축비	건축비	주차장 등 기타사업비	사업비 계
19.2 × 250% = 48평	550만 원	2억 6,400만 원	31 + 20 = 5,100만 원	3억 1,500만 원

• 매수비용(등기비, 수수료 포함) 6억 원 + 사업비 3억 1,500만 원

= 투입비용 9억 1,500만 원

48평형 나홀로 아파트의 준공 후 시세는 얼마 정도가 나올까요? 이 연립주택을 산 사람은 얼마 정도를 예상하고 매입을 진행했을까요? 부동산은 참으로 복잡하고 어렵게 얽혀 있습니다. 소유자들의 생각도 다 제각각일 테고요.

망원동 대지값이 3,000~4,000만 원이니 단순계산하면 5억 8,800만 원이라는 가격은 싼 것 같기도 하고, 과거 시세에 비교하면 비싼 것 같기도 할 것입니다. 아파트를 지으면 최소 10억 원 이상은 갈 것 같기도 하고 말이죠. 아무튼, 논리적·이성적으로 따진다고 해서 정확한 결과는 유추할 수 없습니다.

재건축을 진행하게 되면 지분 소유자들은 대부분 아마추어이고, 건축업자는 프로입니다. 아마추어가 재건축해서 이익을 남기기란 쉽지

않죠. 차라리 건축업자가 평당 3,500~4,000만 원 정도에 산다고 하면 그때 팔아버리는 게 훨씬 이익인 경우가 많습니다. 1가구 1주택자는 양도세가 비과세여서 좋고, 가격 잘 받아서 좋고, 그 돈으로 고생하지 않고 지금보다 더 좋은 아파트로 갈아타거나 원하는 집으로 이사를 할 수 있어서 좋습니다.

프로인 건축업자는 단기간에 소형주택을 많이 지으면 평당 4,000만 원을 주고 대지를 구입해도 엄청난 수익을 얻을 수 있기 때문에 가장 선호하는 것은 재건축 방식이기도 하죠. 즉, 전 세대 현금청산 방식의 재건축인 것입니다. 그런데 많은 사람들, 즉 아마추어들은 재건축하면 하늘에서 로또가 떨어지는 줄 압니다. 그래서 무조건 반대하고 버팁니다.

48평형이 빌라형 나홀로 아파트로 나오고, 재건축 사업 시작 후 소유자 동의절차가 끝나면 1년 이내 입주 가능성이 있습니다. 사실 빌라형 나홀로는 매매가 순탄치 못합니다. 지금처럼 묻지 마일 때는 어느 정도 거래도 가능하고, 비교적 높은 가격대에 매매가 형성될 수 있지만, 조정기나 평상시에는 거래 자체가 어렵습니다.

가로주택정비사업이나 조합구성으로 도정법에 의한 재건축을 진행할 때는 재건축 기간 중에 실로 다양한 일을 경험할 수 있습니다. 자칫 건축 여정이 길어져 도중에 부동산 경기가 하락하거나 조정에 들어갈 경우에는 가장 위험한 복병이 될 수 있습니다. 사업성의 손실 발생 우려로 사업 진행 자체가 지연되거나 흐지부지될 가능성도 상당히 커지죠. 특히 재정이 취약한 사업자를 만나서 공사가 지연되거나 분쟁이 발생할 수도 있습니다.

손실을 줄이고 제대로 된 번듯한 재건축을 하려면 어떻게 해야 할까요? 조합원이나 구성원들이 전문가들의 도움을 받아 건축법과 진행절차, 사업비에 대해서 제대로 배우고 이해하려는 노력이 필요합니다. 그리고 무엇보다 양심 있는 건설업자를 만나 합리적으로 절충해나가며 마무리를 짓는 것이 좋은 아파트를 짓는 지름길입니다.

이 사업장의 사례는 일대일로 재건축을 진행하는 것은 최악입니다. 1인당 세 개 이상의 소형주택을 받고, 건축비를 최소화하는 것이 수익성 측면에서 가장 합리적입니다.

빌라의 대지가치는 어떻게 다를까?

흔히 '빌라' 하면 생각나는 것은 '사면 망한다!'입니다. 우리나라에서 특히 팽배해 있는 사고 중에 하나죠. 부동산 재테크를 하려는 사람이면 이 명제는 더더욱 금기사항이 됩니다. 우리는 왜 빌라를 기피하고 살았을까요? 그런데도 왜 빌라는 매력적인 투자 물건이 될 수 있을까요? 그 비밀을 하나씩 파헤쳐보겠습니다.

1. 용적률로 계산하는 방법

'빌라를 사면 망한다'라는 말이 나오게 된 것은 아주 단순합니다. 빌라를 높은 가격에 샀기 때문입니다. 싸게 산 사람은 말이 없습니다. 짭짤한 이익을 봤는데 굳이 이렇다 저렇다 떠들 필요가 없는 것이죠.

빌라의 주된 가치는 '입지'와 '대지지분의 가치'입니다. 등기부등본에 기재된 것은 면적일 뿐, 정확한 가치를 말해주지는 않습니다. 대지지분의 가치는 건물과 연계되어 있다는 것을 꼭 기억하십시오.

만약 지분이 10평이면 건물을 20평(용적률 200%) 지을 수 있는 것이 가장 기본적인 가치입니다. 대지의 위치(입지)에 따라서는 건물을 15평(용적률 150%), 30평(용적률 300%)으로 짓기도 합니다.

주변에 용적률 200% 가능한 대지가치가 평당 3,000만 원이면 대지가치는 다음과 같습니다.

기본용적률 200%

대지가치 : 10평×3,000만 원×200% / 200% = 3억 원

용적률 150%

대지가치 : 10평×3,000만 원×150% / 200% = 2억 2,500만 원

용적률 300%

대지가치 : 10평×3,000만 원×300% / 200% = 4억 5,000만 원

이렇듯 같은 대지평수라도 용적률에 따라 많은 차이가 나는 것을 알 수 있습니다. 150% 나오는 대지를 300%의 가격으로 사면 리스크가 큰 반면, 300%를 150% 값으로 산다면 행운이겠죠. 대지가치를 산출하는 방법은 여러 가지가 있는데, 앞에서 계산한 것처럼 용적률로 계산하는 방법, 건물평수로 계산하는 방법이 주로 사용되고, 기타 공시지가

와 비교하는 방법 등이 있습니다.

2. 건물평수로 대지가치 환산하는 방법

건물평수 ÷ 2 = 대지환산지분

건물평수는 발코니 확장한 실제사용면적 + 해당공용면적

여기서 확장한 발코니가 몇 평인지 알아볼까요?

1) 현장방문해서 직접 평수 확인(사실상 어려움)

2) 부동산 공부상(서울부동산정보광장, 부동산종합정보, 건축물정보)에서 확인
   집합건축물 표제부 건축면적 – 층별 현황 건축면적 = 층별 확장면적

3) 평면도(주민센터에서 발급)로 확인(제일 무난한 방법)

4) 설계도로 확인

5) 발코니 확장 합법화 이전 빌라는 평면도로 확인하거나 현장 확인

   예 건물등기평수 16평 발코니 확장 3평

   해당 공용면적(복도, 계단, 엘리베이터 지분 성격의 면적) 3평 합계 22평

   22평 ÷ 2(기준용적률 200%) = 환산대지지분 11평

   (등기상 대지 10평 실제용적률 220%일 때의 계산임)

실제용적률은 공부상 표기된 용적률이 아닌, 실제로 사용하고 있는
확장된 면적을 포함해서,

대지10평 × 실제용적률 220% / 기준용적률(언제나 200%) = 11평

대지의 환산가치지분은 11평이 기준입니다.

예 M빌라의 공부상 기록 :

　건물면적 : 28.48평 (실사용 면적+해당 공용면적)

　실제용적률 : 252%

　등기상지분 : 11.17평, 등기상 건물전용 : 18.7평

　사용승인일 : 2009.1.13.

① 건물면적에 의한 대지지분환산

　28.48평 ÷ 2 = 14.24평

② 실용적률에 의한 대지지분 환산

　11.17평 × 252 / 200 = 14.07평

　건폐율이나 용적률 계산상 경미한 차이는 있지만, 내재가치를 계산하는 데 있어서 큰 차이는 발생하지 않습니다.

　M빌라의 내재가치는 인접지 용적률 200% 대지기본가격 평당 3,200만 원이고 건축단가 평당 550만 원으로 가정할 때(감가수정해서 평당 430만 원 적용 / 건물의 수명은 최소 50년 이상으로 본다),

　대지가치 14.24 × 3,200만 원 = 4억 5,568만 원

　건물가치 28.48 × 430만 원 = 1억 2,246만 원(주차장 가치는 생략함)

　즉, 빌라의 가치 5억 7,814만 원입니다.

　현재 이와 비슷한 신축의 분양가격은 6억 3,000만 원에서 7억 5,000만 원 정정도입니다. M빌라의 매매가격은 현재 5억 원 전후로 거래되고 있는데, 시간이 흐르면 M빌라의 가격은 신축 빌라의 가격을 앞설 것으로 전망됩니다. 입지, 구조, 평면도, 주차 등 거의 모든 면에서 M빌라가 앞서기 때문입니다.

대지기본가격

1. 인접지 용적률 200% 단독주택 매매가격 중 평균
2. 인접지의 최근 매매된 빌라의 대지가치 중 평균치
3. 인접지의 최근 매매된 대지가치 중 급격히 오른 가격은 제외

내 집 마련 부동산 TIP

아파트? 빌라? 대지가치 제대로 보기

아파트가 빌라보다 가격이 비싼 이유에는 일조권도 크게 한몫한다. 건물이 클수록 일조권의 영향을 덜 받아 자연스럽게 가치가 올라간다. 아파트보다 상대적으로 크기가 작은 빌라는 일조권의 영향에서 벗어날 수가 없다. 대지가 넓을수록 주거의 쾌적성·편리성·안전성·효용성은 좋아지기 마련이다.

1. 아파트

① 전체 대지가 3,000평 이상이면서 정사각형인 대지는 일조권의 영향을 크게 받지 않기 때문에 대지프리미엄이 최고로 형성된다.

② 대지평수 1,000평 내외이면서 남쪽에서 북쪽까지 거리가 짧을수록 일조권 영향을 많이 받게 된다. 반대로 남쪽에서 북쪽으로 거리가 먼 직사각형의 대지는 영향을 거의 받지 않는다. 일조권 영향이 없어 건물 꼭대기 층까지 꺾인 부분이 없고, 이는 미관상 보기에도 좋은 영향을 미친다.

'일조권'에 관한 건축법 시행령
건축법 시행령 86조(일조 등의 확보를 위한 건축물의 높이 제한) ① 전용주거지역이나 일반 주거지역에서 건축물을 건축하는 경우에는 법 제61조제1항에 따라 건축물의 각 부분을 정북(正北) 방향으로의 인접 대지경계선으로부터 다음

각 호의 범위에서 건축조례로 정하는 거리 이상을 띄어 건축하여야 한다.
<개정 2015. 7. 6>

1. 높이 9m 이하인 부분 : 인접 대지경계선으로부터 1.5m 이상
2. 높이 9m를 초과하는 부분 : 인접 대지경계선으로부터 해당 건축물 각 부분 높이의 2분의 1 이상

2. 빌라

빌라는 대부분 100평 이내의 대지에 집을 짓기 때문에 일조권에 아주 민감하다. 4층부터는 인접대지 경계선으로부터 건축물 높이의 1/2 이상 건물과 간격을 두어야 하므로 평수가 작거나 북쪽에 주택이 있으면 4층부터는 깎이는 부분이 상당하다. 따라서 미관상, 구조상, 사용가치에 있어서 아파트보다는 못하다. 한편, 북쪽에 도로나 공원이 있는 대지는 그만큼 일조권 영향을 덜 받아 대지가치가 높을 수 있다.

일조권은 용적률의 아버지?

일조권

1. 집을 지을 때 북쪽에 있는 이웃집에 최소한의 햇빛이 가도록 배려하는 제도

2. 해는 동쪽에서 뜨고 대부분 남쪽에서 북쪽으로 비춘다.

3. 도로나 공원은 대지경계선에 영향을 받지 않는다.

4. 북쪽에 도로나 공원이 있으면 건물을 많이 지을 수 있는데, 이 비율을 용적률이라 한다.

5. 용적률이 높을수록 대지가치는 올라가는 게 일반적이다.

6. 건물 지을 전체 대지가 크면 일조권 영향이 적어 실제용적률이 올라가고, 대지평수가 50평 내외거나 적을수록 일조권 영향을 많이 받아 실제용적률도 떨어진다.

7. 일조권 영향을 덜 받을수록 확장면적이 커지고, 대지면적이 적으면 일조권 영향을 많이 받아 확장면적이 줄어들기도 하고, 없을 수도 있다.

8. 확장면적은 내재가치에 많은 영향을 미치고 가격에 반영된다.

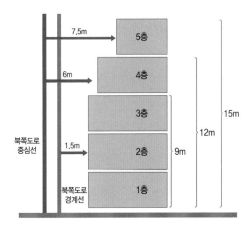

내재가치로
건물을 스캔하라

1;

건물가치를 파악하면
투자도 승리한다

거품은 건물로부터 발생합니다. 일단 투기 수요가 발생하기 시작하면 거품은 더더욱 증폭되죠. 건물은 공급의 탄력성이 너무 낮기 때문에 수요가 폭발적으로 증가하면 상당한 거품이 끼게 됩니다. 투기 수요를 잡아 거품을 건어내려면 어떻게 해야 할까요? 거기에는 단 한 가지 방법밖에는 없습니다. 재건축을 포함해 기존주택의 공급을 확장하는 방법입니다.

명동이나 강남의 건물이 비싼 이유는 높은 임대료를 받을 수 있기 때문입니다. 바꿔 생각하면 대지 또한 높은 임대료를 받을 수 있는 땅이 비쌉니다. 대지값과 주택 공급의 탄력성은 서로 관련이 있는데, 값이 비쌀수록 공급의 탄력성은 떨어집니다. 그만큼 희소가치가 올라가고 가격은 천정부지로 치솟게 되죠.

대지가치가 '입지'라면 건물은 '효용성'을 고려합니다. 주택의 경우, 방이나 거실의 방향과 크기, 층수, 엘리베이터 유무, 채광, 조망에 따라 가격 차이가 크게 납니다. 상가의 경우는 유동인구와의 접촉성이 얼마나 되는지에 따라 가격이 천차만별이죠. 정작 건축비용은 얼마 차이가 나지 않더라도 효용성 면에서 얼마나 창조적이냐에 따라 건물가치도 크게 달라집니다.

건물가치를 제대로 알려면 건물을 내재가치로 샅샅이 스캔해야 합니다. 놓치고 있는 부분은 없는지, 알고 있던 것도 제대로 알고 있는 게 맞는지 재차 확인하는 습관을 들여야 합니다. 겉으로 힐끔 건물을 훑어보며 "와아, 이 건물 멋지네!" 한다고 끝난 게 아닙니다. 우리가 무심코 놓칠 수 있는 부분을 최소화해서 건물을 마스터한다면 집을 더욱 저렴하게 구입하고 투자에 성공할 수 있습니다.

공부상으로 건물면적을 확인하는 방법

건물가치를 제대로 알아내려면 어떻게 해야 할까요? 몇 날 며칠을 건물에 드나들면서 상황을 파악해야 할까요? 물론 그것도 좋은 방법이긴 합니다만 효율적인 방법은 아닙니다. 우리는 이제 직접 움직이지 않아도 많은 정보를 앉아서 볼 수 있는 시대에 살고 있습니다. 서울 마포구 망원동에 있는 한 다세대주택의 예를 들어봅시다.

- **집합건축물[표제부]**

대지위치	서울특별시 마포구 망원동			지번
용도지역	제2종일반주거지역 외 0	용도지구		구역
대지면적	318.7 ㎡	연면적	651.08 ㎡	명칭및번호
건축면적	188.32 ㎡	용적률산정용 연면적	631.1 ㎡	건축물수

- **층별현황**

단위 : ㎡

구분	층별	구조	용도	면적
지상	2	철근콘크리트구조	다세대주택(2세대)	140.77
지상	3	철근콘크리트구조	다세대주택(2세대)	140.77

집합건축물 건축면적(실제면적)은 188.32㎡인데, 층별 현황 건축면적
(건축물대장상 전유부분)은 140.77㎡로 무려 47.55㎡나 차이가 납니다. 이
는 14.38평으로 건축물대장이나 어떤 공부에도 확인할 수 없는 숨겨진
평수로, 이른바 발코니 확장면적이죠. 발코니 확장은 2006년 7월부터
합법화된 이후, 실제 사용하는 전용면적의 확인이 더 어렵게 됐습니다.
만약 발코니 확장면적을 확인하고 싶다면 건축 설계도면에서나 정확한
확인이 가능하게 된 것이죠.

이 빌라의 경우는 1세대당 7.2평의 확장면적이 숨어 있습니다. 7.2
평은 중간 방 두 개 크기 이상의 평수입니다. 절대로 무시하지 못할 크
기이고 꼭 확인해야 할 평수입니다. 건물의 평수도 정확히 알아내야 집
이 가진 내재가치도 그만큼 정확하게 계산해낼 수 있습니다. 이러한 정
보를 '서울부동산정보광장'에 들어가 클릭해서 보면 됩니다. 얼마나 편
리한 세상인가요?

빌라의 대지 전체가 클수록 확장면적도 커집니다. 반면에 빌라의 전체 대지가 50평 내외이거나 일조권 영향을 많이 받으면 확장면적이 전혀 없거나 조금밖에 없습니다. 확장면적은 가격 결정에 결정적인 역할을 합니다. 따라서 정확한 면적을 알고 있는 게 가격 조정이나 조건 협상 시 상당히 유리합니다.

빌라나 아파트는 실제 전용으로 사용하고 있는 면적(등기상 전용+확장면적)이 내재가치와 매매가격에 결정적인 역할을 합니다. 특히 주거용 주택은 실사용면적이 집값 비중에 절대적이므로, 매수하고자 하는 집이나 임대를 하려고 하는 사람은 집 크기를 직접 확인하거나, 공부자료를 가지고 자세히 파악하고 있어야 손해를 그나마 줄일 수 있습니다.

깡통 차지 않으려면 깡통에 주의하라!

'깡통주택', '깡통아파트'라는 말을 들어보신 적이 있을 것입니다. 무리하게 고액 대출을 받아 전세를 끼고 주택을 구입했지만, 주택가격이 하락해 대출금과 전세가격을 합한 금액 이하로 떨어진 주택을 '깡통'이라고 부릅니다.

부동산의 호황이 지속되고 공급 부족의 화두가 계속되면 무주택자나 투자에 관심 있는 사람들은 다른 곳으로 눈을 돌리기 시작합니다. 바로 투자금이 적은 신축 빌라죠. 전세 세입자는 매매가격이 얼마인지 관심을 기울입니다.

그런데 여기서 매매가격 대비 전세 비율이 높다는 이유로(90% 이상) 깡통주택이라고 규정하는 것은 투자자들과 세입자에게 큰 혼란을 불러일으킬 수 있습니다. 매매 자체가 거래 시점에 상당 수준 고평가되어 있기 때문에 전세 비율은 내재가치에 맞춰야 깡통 여부를 구분할 수 있습니다.

전세 세입자나 투자자가 안심하려면 계속된 빌라가격의 상승으로 기존 빌라가 최소한 40% 이상 올라야 합니다. 그래야 내재가치와 비슷한 가격대를 형성하고 안심할 수 있습니다.

만약 빌라값이 투기 심리로 인한 상승세일 때는 손실을 감수하고 손절매하거나 장기 투자를 고려해봐야 합니다. 그 주택의 내재가치가 어느 정도인지가 훨씬 중요하기 때문입니다.

최근 거래(2021년 2/4분기)된 신축 빌라의 거래 내용(서울 강서구 ○○동)

(단위 : 100만 원, 평)

소재지	세대별 총면적	실사용 면적	대지 지분	실제 용적률	내재 가치	거래가	전세가	거래 가율
가. 36*-*	15.1	13.5	6.9	220%	266	369	369	139
나. 10**-3	13.8	11.7	5.7	242%	256	369	369	144
다. 10**-*	14.6	12.5	5.6	261%	271	360	360	133
라. 9*4-*	8.6	7.4	3.7	233%	160	296	296	185
마. 3*2-*3	12.3	10.8	4.9	250%	227	·	325	·
바. *80-*	18.9	17	7.6	250%	351	455	455	130

1. 거래가율이 120% 이상은 고평가 물건으로 판단해야 합니다.
2. 전세가격은 내재가치 기준으로 80~90% 선이 안전합니다.

3. '라' 물건은 거래가율이 185%인 것은 비합법적인 확장면적이 다소 포함됐을 것으로 추측된 물건입니다.

안전한 전세는 전세가율(매매가격 대비 전세 비중)이 기준이 될 수 없습니다. 자연가격, 즉 내재가치가 기준이 되어야 안전합니다. 전세나 매매의 가격 비교는 단순한 수치 비교가 아닌, 내재가치가 그 기준이 되어야 합니다.

실전용평수	내재가치	매매가격	전세가격	전세가율	내재가치 대비 전세가율
13.5평	2억 7,000만 원	2억 5,000만 원	2억 2,000만 원	88%	81%
15평	3억 원	2억 5,000만 원	2억 7,000만 원	108%	90%
17평	3억 5,000만 원	3억 원	3억 1,000만 원	103%	89%

전세금을 안전하게 회수하려면 어떻게 해야 할까요? 당연히 매매가격보다 내재가치를 알아보고 얻는 것이 안전합니다. 갭 투자도 소액 투자가 목표가 되면 거품에 투자할 가능성이 굉장히 커집니다. 매매가격의 거품이 많이 낀 상태라면 가격 자체의 안정성이 크게 떨어집니다. 너무나 당연한 말이지만 사람들은 그 사실을 종종 간과합니다.

부동산의 기준가격은 언제나 거품을 뺀 가격이어야 합니다. 거품이 두려운 투자자라면 매매나 전세를 고를 때 관심지역의 대지가치를 알아보고, 내재가치 대비 저평가된 주택을 고르는 것이 최선의 방법입니다.

2.

아파트의 내재가치를 알면
백전백승!

집의 가치는 주로 대지에 있다는 것을 이제는 잘 아실 것입니다. 특히 서울의 집값 대부분은 대지가치가 70~95%를 차지하고 있죠. 재건축이 임박한 30년 이상 된 노후 빌라나 시세 대비 전세가격이 30~40% 정도 하는 오래된 아파트는 대지가치가 전부라고 해도 과언이 아닙니다. 강남구 대치동의 은마아파트의 경우가 그 대표적인 예죠.

이렇게 노후된 건물은 건물가치보다 대지가치에서 철거비를 차감하는 것이 진정한 대지가치입니다. 그런데도 재건축이 임박한 아파트가 대지가치 측면에서 높게 평가되는 것은 신축으로 변환됐을 때 높은 금액으로 환가(매매나 임대)가 되고, 동시에 높은 수익을 실현할 수 있기 때문입니다. 반대로 집이 오래됐는데 높은 가격이 형성되지 않는 주택이나 아파트의 경우는 재건축 준비가 되어 있지 않아서입니다.

철근콘크리트조에 레미콘 시멘트를 사용해서 지은 집은 벽돌로 지어진 집보다 수명이 최소 50년 이상은 유지됩니다. 그 이야기는 건축 수명이 30년 이상 남은 것은 건물가치에 중점을 둔다는 것과 같습니다. 재건축이 지금 당장 필요하지 않은 건물은 건물의 사용가치를 기준으로 대지가치를 산출합니다. 신축에 가깝거나 건물, 주변 상태가 양호한 주택은 건물가치가 곧 대지가치가 된다는 거죠.

그럼 신축 아파트를 예로 건물가치를 알아보겠습니다.

- 최근 신축한 아파트 24평형 / 대지기준 평수는 12평

  24평 ÷ 2(용적률 200%) = 12평(대지평균단가 2,500만 원)

  내재가치는 12평×대지 기준가×대지프리미엄 수정(1.2~1.6)

  = 대지가치

  예 12×2,500만 원×1.4(100세대 가정) = 4억 2,000만 원

- 건물 실사용면적(가정) 35평×(평당 건축단가 600만 원 가정 또는 평형당 1,000만 원) = 건물가치

  예 35×600만 원 = 2억 1,000만 원 또는 24평형×1,000만 원

     = 2억 4,000만 원

이 신축 아파트의 내재가치는 6억 3,000만 원에서 6억 6,000만 원으로 산출되고 있습니다. 신축의 거래가격은 내재가치의 105~120%가 일반적입니다. 그 이상을 웃돌면 거품을 의심해봐야 합니다. 6억 6,000만 원의 120%는 약 8억 원입니다.

아파트의 내재가치 실전 사례 - 은평구, 서대문구

아파트는 건축하는 데 빌라나 연립주택보다 다소 시간이 걸립니다. 또 대지 확보의 어려움 등으로 조금만 공급이 부족해지면 가격이 폭등합니다. 가격이 오르면 수요가 더 발생하며 투기적 가격 동향이 폭발하는 성질을 갖고 있습니다. 그렇기 때문에 아파트는 정부가 정책적으로 수급 조절을 잘해야 하는 물건입니다.

거품이 잘 끼는 만큼 거품이 잘 걷어지기도 하는 물건이 바로 아파트입니다. 매매사례, 공급량, 비교법으로 가격이 결정되고 거래가 이루어집니다. 흔히 "바로 옆동 ○호는 얼마에 팔렸대! 우리도 그 가격에 내놓자!" 하는 상황을 상상해보시면 됩니다. 아파트를 팔고자 하는 사람은 인근 아파트의 시세를 참고해서 비슷하게 또는 올려서 내놓거나, 빨리 내놓아야 할 경우 가격을 낮춰서 내놓습니다.

그럼 서울의 은평구와 서대문구의 아파트 사례를 통해 아파트의 내재가치를 분석해보겠습니다.

아파트의 내재가치 분석(은평구 34평 아파트 / 서대문구 33평 아파트)

(단위 : 100만 원, 평)

평형	지분	용적률	기준대지 가격	내재가치	최근 거래가격	거래가율	건축년도 총세대수
34	13.7	250	2,300	847	990~ 1,195	116%~ 141%	2018년 300가구 이상
33	14.4	230	2,400	831	11억~ 14억 원	132%~ 168%	2012년 500가구 이상

34평은 은평구의 아파트, 33평은 서대문구 아파트의 내재가치 분석표입니다. 아파트의 거래가율이 높을수록 최근 가격이 급등한 지역일 가능성이 매우 큽니다. 급등지역의 특징은 심리적 투기 수요와 거의 일치하는 경향을 보입니다.

어떤 아파트에 사람들의 투기 수요가 몰릴까요?

1. 단지가 크다.
2. 신축에 가깝다.
3. 전세 비중이 높다.
4. 아파트이다.

투기 수요가 생기는 원인과 사이클은 다음과 같습니다.

1. 탐욕 → 단기차익이 쉬운 것
2. 환금성이 좋은 순서로 순환
   분양권 → 아파트 신축 → 기존 아파트 → 재건축 관련 빌라 →
   신축 빌라 → 실수요자 빌라 → 기존 빌라

인간은 오직 자신만의 이익을 추구하는 동물이라고 애덤 스미스가 말했던가요? 인간의 기본적인 욕구 중의 하나인 '주거에 대한 욕구'가 지금은 투기 형태로 나타나는지도 모르겠습니다. 안정적인 주거를 넘어서 부의 축적을 꾀할 수 있는 도구로 부동산 투자를 시작하는 사람이 적지 않은 것처럼요. 하지만 집값의 내재가치를 등한시한 채 무턱대고 뛰어드는 투자는 위험하기 이를 데 없습니다. 자칫, 안정적인 주거도 위협을 받을 수 있기 때문입니다.

아파트의 내재가치 실전 사례 - 마포구 망원동

📍 아파트의 내재가치 분석

1. 주변지역의 대지시세 3,500만 원, 한강 인접지, 평지의 경우

(단위 : 100만 원, 평)

평형	지분	용적률	인접지 대지시세	내재가치	최근 거래가격	거래가율	건축년도 세대수
24	7.9	300	3,500만 원	712	739~800	104~112%	2003건축 215세대
32	11.2	300	3,500만 원	998	10,000	100%	

- 대지가치 : 지분×3,500만 원×대지프리미엄 1.5×용적률 / 기본 용적률 = 622
- 건물가치 : 평형×550×잔존년수 / 내용연수 = 80
  기타 주차장 가치 = 10 내재가치 712
  ※ 대지프리미엄 : 최소 단지 구성된 아파트 1.5~1.6
  　　　　　　　　　　나홀로 아파트 1.3~1.4

　내재가치 대비 거래가율이 120~130% 이상이면 거품 초기로 봅니다. 인접지의 대지 시세를 산출할 때는 20~30년 된 빌라의 거래가격이나 신축을 배제한 단독주택의 평당거래 가격을 기준으로 합니다. 대지 프리미엄은 총 215세대 세 개 동으로 1.5 이하가 적당합니다.

※ 건물은 현재의 가치를 구하는 것으로, 실제 건축비에 감가상각을 통한 가격보정을 할 수도 있고, 평형에 평당 1,000만 원을 곱해서 가격보정을 하는 방법 등 여러 가지로 사정과 형편에 맞게 앞의 방식과 같이 평가하면 됩니다.

2. 나홀로(70세대, 1개동) 아파트의 가치분석, 대지시세 평당3,500만 원

평형	지분	용적률	인접지 대지시세	내재가치	최근 거래가격	거래가율	건축년도
32	12.9	248	3500	849	749	88%	2003

나홀로 아파트는 가격 흐름이 더딘 특징이 있습니다. 따라서 거래가 율도 단지를 구성한 아파트에 비해 최소 10% 이상 낮게 거래되는 편 입니다. 이 아파트는 투기 수요보다 실수요가 많은 지역으로, 거품이 거의 없는 것은 나홀로 아파트의 가격이 거의 오르지 않는다는 특징 때문입니다.

하지만 예외도 있습니다. 대체로 아파트 단지의 세대수나 동이 많으면 가격도 비싸다는 확증 편향이 있지만, 살기 좋은 나홀로 아파트는 대단지 아파트보다 가격이 세기도 합니다. 부동산은 그래서 재미있습니다. 실로 다양한 사례들이 존재하기 때문에 편견을 버리는 노력 또한 필요합니다.

3;

강남의 재건축 아파트는
내재가치 끝판왕?

재건축을 말할 때 강남의 재건축 아파트가 빠지면 섭섭합니다. 그만큼 사람들의 높은 관심을 받는 곳이 강남의 재건축 아파트 단지죠. 오래된 아파트를 재건축할 때는 현재의 대지가치를 분석하고, 재건축을 했을 때 개략적인 분담금이 얼마가 나올지 알아봐야 합니다.

대지가치를 분석하는 방법으로는 실제용적률, 전체 대지 평수, 인접지역의 단독주택이나 저평가 빌라, 20년 이상 된 노후 빌라 등의 평당 거래 시세의 평균점을 알아보고 계산합니다.

① 대지지분 : 14.6평(전체대지 1만 평 이상)
② 실제 예상용적률 : 250%
③ 인접지역 대지평당시세나 거래가격 : 평당 6,000만 원
④ 재건축 평당 건축비 : 1,500만 원

(예 32평형 분양 시 32×1,500만 원 = 4억 8,000만 원)

⑤ 대지에 대한 프리미엄 1.6(160%)

대지가치 14.6평×6,000만 원×250 / 200×프리미엄 160%

= 17억 5,200만 원

※ 실제용적률과 대지 평당 시세, 준공 후 시세, 사업비의 적정성을 분석해 내재가치의 정확한 판단을 기대할 수 있습니다.

※ 설계도면, 사업비, 조합원 분양가격과 세대수, 일반 분양가격과 세대수가 어느 정도 결정되면 대지 지분에 대한 권리가치가 나옵니다.

※ 아무리 사업비를 절약하고 일반 분양가격이 높고 분양세대가 많아도 분양시점의 부동산 경기 여부가 사업성(수익성)의 결정적 요인이 됩니다.

대지프리미엄과 인접지 대지평균시세, 예상용적률로 간단하게 계산해보는 것도 방법입니다. 아파트나 빌라, 다가구주택, 상가주택, 빌딩, 상가 등 모든 부동산의 자연가격은 대지가치를 중심으로 한 내재가치라는 것을 다시 한번 기억해야 합니다. 모든 상품의 거래가격은 오르고 내리고를 반복하는데, 그 중심에는 내재가치가 있다는 것, 잊지 마세요.

재건축 수익성 분석하기

1. 재건축 수익성 분석은 어떻게 할까?

재건축의 수익성이 어떻게 되길래 사람들이 "재건축! 재건축!"을 외칠까요? 살던 아파트가 재건축 아파트로 선정되면 마치 돈방석에 오르는 것처럼 생각하고 말이죠. 거기에는 그만한 이유가 있는데, 그 수익성 분석을 어떻게 하는지 제대로 알아보겠습니다.

재건축 수익성 분석(조합원 1세대 기준으로 약식 분석)

(단위 : 100만 원)

1. 비례율 분양수익 ÷ 사업시행인가시점 조합원물건 감정가액 (종전자산 평가액)	$1,564 ÷ 1,460 = 107.12\%$
2. 분양수익 (조합원 분양가격 + 일반 분양 잉여지분 해당 분양액) - (조합원사업비 + 일반 분양 잉여지분 해당 건축비)	$(1,760 + 352) - (480 + 68)$ $= 2,112 - 548 = 1,564$
3. 조합원 권리가격 종전자산평가액 × 비례율 ※ 분양분 종전자산	$1,460 × 107.12\% = 1,564$ ※ $1,280 × 107.12\% = 1,371$
4. 조합원 분양가격 조합원 분양 평형대지가액 + 조합원별 사업비 총액 ※ 종전자산 × 분양지분 / 당초 지분 * 조합원 사업비 : 평형 × 평당사업비	$1,280 + 480 = 1,760$ ※ $1,460 × 12.8 / 14.6$ $= 1,280$ * $32 × 1,500 = 480$
5. 조합원 분양지분 계산 분양평형 ÷ 예상용적률	32평형 ÷ 250% = 12.8평
6. 조합원 사업비 평형당 약 1,500만 원 (약식계산) 또는 총사업비 ÷ 총평형 = 평당사업비 계약 면적×평당사업비	$32 × 1,500만 = 480$ 또는 65(계약 면적) × 750 $= 487$

※ 비례율이 100% 이상 나오면 분담금은 조합원 분양분의 증가된 비례율만큼 분담금은 차감됩니다.

조합원 분양기준액 1,280 × 7.12% = 91(분담금에서 정산됩니다)

※ 종전자산 평가 : 조합원의 재산을 사업시행인가일을 기준으로 평가한 감정가액이면서 사업계획의 기준이 됩니다.

2. 분담금 산정을 해보자!

분담금 산정 방법

1. 분담금 조합원 세대당 사업비– 할여 지분 기여액 ※ 분양가격 – (조합원 분양 해당 종전가격 + 잉여지분 기여액) ※ 할여한 지분(잉여지분) 조합원지분 – 조합원 분양받는 지분 ※ 할여받은 지분(부족 지분) 조합원이 분양받은 아파트 지분 – 조합원 지분	사업비 480 – 기여액 285 = 195 분양가격 1,760 – (1,280 + 285) = 195
2. 일반 분양수익 일반 분양가격 – 건축비(사업비) ※ 조합원 분양가격과 일반 분양가격은 구분해서 사용	1,800 – 345 = 1,455 분양수익은 지분가치
3. 일반 분양가격 지분가치 + 건축비	1,455 + 345 = 1,800
4. 할여(잉여) 지분 평당가치 일반 분양수익 ÷ 해당 평형대지 지분	1,455 ÷ 9.2 = 평당 158
5. 할여 지분 가치(잉여지분 기여액) 할여 지분 평당가치 × 할여 지분 평수	158 × 1.8 = 284.4

분담금 산정의 예

종전 자산 내용

조합원 홍길동 지분 (종전자산)	분양받은 평수 및 지분	할여(잉여) 지분	32평형 사업비
20평	32평형 지분 15평	5평 (20−15=5)	4억 원

일반 분양 수익분석

일반 분양 32평형 분양가격	사업비(건축비)	분양수익	평당지분가치 및 잉여지분가치
15억 원	3억 원	15 - 3 = 12억 원	12억 원 ÷ 15평 = 평당 8,000만 원 5평 × 8,000만 원 = 4억 원(잉여지분가치) 사업비 - 잉여지분가치=분담금 4억 원 - 4억 원 = 0(분담금 없음)

3. 일반 분양분의 기여액 산정은 이렇게!

일반 분양분 기여액 산정 방법

1. 조합원 잉여지분(할여 지분) 조합원지분(종전자산) - 조합원 분양받은 평형의 지분	14.6평 - 12.8평= 1.8평
2. 일반 분양 대지지분 평형 ÷ 250%	23÷250% = 9.2
3. 일반 분양분 건축비(사업비) 평형당 1,500만 원(약식계산) 또는 일반 분양 총건축비 ÷ 일반 분양 총평형 = 평당 건축비 계약 면적 × 평당 건축비	23×1,500만 원 = 345 (예) 계약면적 50평 평당 건축비 700만 원) 50×700 = 350
4. 잉여지분(할여 지분) 기여액 : 일반 분양 수익분석 일반 분양가격×기여지분 / 평형 지분 = 할여 지분분양 해당액 일반 분양 건축비×기여지분 / 평형 지분 = 할여 지분 건축비 해당액 할여 지분 기여액 분양가격 - 건축비	18억 원×1.8 / 9.2 = 352 345× 1.8 / 9.2 = 68 352 - 68 = 284
5. 일반 분양가격 대지지분가치 + 건축비 = 18억 원 18억 원 - 건축비 = 지분가치 지분가치÷지분 = 지분평당가치 ※ 분양가격은 인접 유사아파트 거래가격을 기준으로 상향 (주로110% 이상)해서 정한다.	18억 원 - 345 = 1,455(지분가치) 1,455 ÷ 9.2 = 평당 158 158 × 1.8평 = 284
6. 잉여(할여)지분 기여액(1.8평의 수익가치) 할여 지분 분양 해당액 - 할여 지분 건축비 해당액 = 기여액	352 - 68 = 284

- 분담금

  조합원사업비 – 잉여지분 기여분 = 분담금

  480-284=196(분담금)

- 조합원 투자 금액(1+2) = 1,655

  ① 분양 지분 대지가액×비례율 = 분양 아파트 대지권리가격

  (1,280×107.12%=1,371)

  ② 일반 분양기여액 : 284

  ※ 조합원이 분양받은 32평형 아파트의 시세가 28억 원이면 재산이 28억 원으로 변경된 셈입니다.

4. 조합원 분양가격을 이해하는 방법!

■ 조합원 분양가격 개념 이해(30평형 분양, 용적률 200%)

조합원	1. 조합원종전자산 (기준가격)	2. 분양지분	3. 사업비	4. 분담금 =(2±3)-1
A	대지지분 : 18평 평가액 : 18억 원	15평 : 15억 원	3억 원	18억 원 – 18억 원 = 0
B	대지지분 : 15평 평가액 : 15억 원	15평 : 15억 원	3억 원	18억 원 – 15억 원 = 3억 원
C	대지지분 : 10평 평가액 : 10억 원	15평 : 15억 원	3억 원	18억 원 – 10억 원 = 8억 원

1. 30평 분양에 필요한 지분 : 평형÷용적률= 30평형에 필요한 지분

2. A는 지분이 3평 남는 지분으로 사업비를 대체하거나 정산합니다.

   B는 남지도 부족하지도 않아 사업비만 분담하고

   C는 5평이 부족해 5평에 대한 비용과 사업비를 부담해야 합니다.

3. 대지지분이 많고 적음이 유리하거나 불리하다는 판단은 조합의 사업계획이나 운영에 따라 달라집니다.

4. 대지지분이 적을수록 유리한 경우가 현실적으로는 많은데, 이유는 부족한 대지지분을 싸게 확보하는 데 있습니다. 대지 기준 가격이 비교적 낮게 평가되어 있고, 사업기간 중 부동

산 경기에 달려 있기 때문입니다. 부동산 경기가 분양시점에 하락기에 있으면 분양가격 하락과 손실 우려로 현금 청산 요구가 많아지고, 반대로 상승기에 있으면 모든 조합원에게 득이 됩니다.

5. 인접지역의 대지평균가격과 용적률로 본 대지가치

물건 구분	대지지분 (등기상) 1	인접지역 대지평균 2	예상 용적률(%) 3	대지 프리미엄 4	대지 내재가치 1×2×3×4=	실거래 최근 1년
대치동G아파트	15.9평	6,000만 원	200 / 200	1.6	15억 원	25~ 30억 원
		6,000만 원	250 / 200		19억 원	
		6,000만 원	300 / 200		23억 원	
		8,000만 원	200 / 200		20억 원	
		8,000만 원	250 / 200		25억 원	
		8,000만 원	300 / 200		31억 원	
강남W아파트	15.7평	5,500만 원	200 / 200	1.6	14억 원	25억 원 내외
		5,500만 원	250 / 200		14억 원	
		5,500만 원	300 / 200		21억 원	
		7,000만 원	200 / 200		18억 원	
		7,000만 원	250 / 200		22억 원	
		7,000만 원	300 / 200		26억 원	
압구정H아파트	16평	7,000만 원	200 / 200	1.6	18억 원	25~ 36억 원
		7,000만 원	250 / 200		22억 원	
		7,000만 원	300 / 200		27억 원	
		9,000만 원	200 / 200		23억 원	
		9,000만 원	250 / 200		29억 원	
		9,000만 원	300 / 200		35억 원	

재건축 대상인 아파트는 1990년 이전에 지어진 아파트가 주로 해당됩니다. 아파트의 가치는 현재 노화된 건물보다는 새로 지을 아파트 재건축에 목적을 둡니다. 용적률이 몇 % 적용되는지와 주변 대지시세, 특

히 특수한 목적(신축을 위한 거래, 상가 등)으로 거래된 주택을 제외한 일반적 대지거래 시세가 얼마나 되는지가 거래가치에 큰 영향을 미칩니다.

주변 대지시세가 6,000만 원, 용적률 300%인 대지의 평당가치는

1평 × 6,000만 원 × 300 / 200 × 1.6 = 평당 1억 4,400만 원의 가치가 있다는 뜻이 됩니다.

주변 대지시세가 9,000만 원, 용적률 300%일 경우는,

1평 × 9,000만 원 × 300 / 200 × 1.6 = 평당시세는 2억 1,600만 원의 가치가 있게 됩니다.

2021년 11월 기준으로, 강남의 대지시세는 평당 5,000~7,000만 원이 대세입니다. 용적률도 임대주택, 기부 채납 등을 감안하면 실제용적률은 그리 높지 않습니다.

16평 지분과 용적률 250% 조합원이 32평형 아파트를 분양받게 되면, 32평 분양에 필요한 대지지분(32평형÷250%=12.8평)인 12.8평이 소요되고, 나머지 지분(16평-12.8평) 3.2평은 조합에서 사업운영수익으로 분담금에 충당합니다.

3.2평의 운명은 조합의 사업 능력(사업비 절감)과 일반 분양분의 수익 크기에 따라 분담금도 달라지게 되는데, 1평에 2억 원의 수익을 낸다고 가정하면 3.2평×2억 원 = 6억 4,000만 원이 분담금에 충당됩니다. 여기서 남으면 현금으로 받고 부족하면 돈을 더 내야 하죠.

4;

아파트 비켜!
아파트 못지않은
빌라의 등장

흔히들 몇십 억원씩 하는 아파트를 보면 혀를 내두릅니다. 한마디로 집값이 비싸도 너무 비싸다는 것이죠. 지금의 서울 아파트값이 그렇습니다. 보통의 평범한 시민이 월급을 고스란히 저축해서 몇십 년을 모아도 절대로 살 수 없는 천정부지의 가격이 되어버렸습니다.

아파트보다 나은 빌라의 출현

모두 다 아파트, 아파트 할 때 "괜찮은 빌라 여기 있소!" 하는 경우가 최근 늘고 있습니다. 어지간한 아파트보다 주거 여건이 좋은 빌라도 꽤 있죠. 30평대 아파트와 비슷한 구조의 빌라는 어떠신가요? 방 세 개, 욕실 두 개, 큰 거실과 앞뒤 공간이 시원하게 트이고 주차도 넉넉한 빌라, 괜찮지 않은가요? 주변에 시장, 공원, 학교도 갖춰진 빌라는 아파트 못지않은 강점을 지니고 있습니다. 그런데도 가격은 아파트보다 착합니다. 거의 반값 수준이거나 70% 정도의 가격에서 거래되고 있죠.

아파트와 빌라의 차이점은 무엇일까요? 다만 이름에 차이가 있을 뿐입니다. 그런데도 사람들은 왜 아파트라는 이름에 그렇게 목을 맬까요? 아파트가 트렌드를 앞서 나가는 것 같고 남들이 다 살고 있으니까 우르르 휩쓸리고 싶은 군중심리 때문이기도 합니다.

최근의 투기적 성격이 강한 부동산 시장이 갈무리되면 아파트는 가격 조정에 들어갈 가능성이 매우 큽니다. 반면에 상대적으로 평가 절하됐던 빌라는 제대로 된 가치를 평가받을 가능성이 큽니다. 저평가된 부동산 물건은 언젠가는 자기 이름에 걸맞는 내재가치로 환원되기 때문이죠.

아직은 아파트값의 상승 가능성이 조금 남아 있어서 빌라의 상승 동력은 조금 부족한 편입니다. 특히 취득세 중과로 빌라 매매는 발목이 잡힌 상태입니다. 급한 사정이 있거나 빌라를 팔아야 하는 집주인들은 저평가된 상태에서 집을 팔 수밖에 없는 상황에 놓여 있습니다.

빌라의 내재가치의 예(마포구 망원동 소재 빌라)

(단위 : 100만 원, 평)

호수	전용	세대별 총면적	공용	실사용 면적	지분	실제 용적률	내재가치	실거래 가격	거래가율
201	18.7	28.5	3	25.5	11.2	254	551	478	87%
202	18.7	28.5	3	25.5	11.2	254	551	500	91%
소계		57		51	22.4				

마포구 망원동에서 이와 비슷한 나홀로(소규모 단지 / 70세대 이하) 아파트의 거래가격은 최소 7억 5,000만 원에서 8억 원 사이입니다. 전세가격에 있어서 빌라는 4억 원 언저리, 아파트는 5억 5,000만 원에서 6억 5,000만 원입니다.

만약 땅값이 지속적으로 상승한다면 큰 평수의 빌라는 희소성이 커집니다. 사람들이 은퇴 후에 소득이 줄면 아파트보다 빌라를 선호할 가능성도 커집니다. 빌라는 관리비가 기껏해야 1~2만 원 선이기 때문입니다. 수십만 원이 나오는 아파트 관리비에 비해 상당히 저렴하기 때문에 매력적인 요소가 될 수 있습니다.

투자 측면에서 살펴도 거품이 잔뜩 낀 아파트보다는 안정적인 빌라가 선호도가 높아질 가능성도 있습니다. 아파트는 고평가의 고점을 찍고 있고, 빌라는 상대적으로 저평가된 상태로 가격을 유지하고 있습니다. 이렇듯 여러 면에서 고려했을 때 아파트보다 나은 빌라의 출현은 당연한 예고입니다.

빌라의 내재가치 사례(2002년 건축)

(단위 : 100만 원, 평)

호수	전용	세대 총면적	공용	실사용 면적	지분	실용적률	내재가치	실거래 가격	거래가율
201	16.5	18.8	2.2	16.6	7.9	238%	356	380	
202	16.5	18.8	2.2	16.6	7.9				
소계		37.6			15.8				

- 대지가치 : 7.9 × 3,000만 원 × 238 / 200 = 282
- 건물가치 : 18.8 × 550 × 32 / 50 = 66
  - 주차장 = 8
  - 계 356

1. 23평형 아파트 구조로 주거요건, 환경 뛰어남.
2. 주차는 이면도로가 양쪽에 있어 편리함.
3. 내재가치 대비 거래가율 110% 정도 매매되어도 저렴한 편임.
   누가 보아도 좋은 집은 거래가율이 조금 높은 편임.
   반지층은 거래가율이 통상 60~65% 수준이며,
   신축은 거래가율이 110%가 적당함.
4. 거래가율은 주택의 형태, 입지, 구조, 주차, 내부 상태 등 여러 가지를 감안해서 참고하는 것으로, 다른 사람들 눈에도 좋아 보이는 것은 유사물건보다 높은 가격이 형성됨.

5.

빌라의 내재가치
입문 백서

크기도 다 다르고, 모양도 다르고, 입지도 다 다른 다양한 형태의 빌라들이 존재합니다. 어떤 빌라는 아파트인지, 빌라인지 헷갈리는 경우도 있죠. 빌라의 형태가 다양하기 때문에 내재가치를 분석할 때 혼동이 올 수 있습니다. 어떻게 보면 아파트보다 내재가치를 분석하기가 더 까다로울 수가 있죠. 하지만 시작도 하기 전에 겁부터 먹으면 제대로 된 투자를 할 수 없습니다. 많이 알고 공부할수록 부동산을 정복해나갈 수 있습니다.

나는 아파트인가요, 빌라인가요?

겉으로 보기에는 아파트 같기도 하고, 빌라 같기도 한 건물이 있습니다. 이런 건물을 나홀로 아파트라고 불러야 할까요? 아니면 빌라형 아파트라고 불러야 할까요? 우선 이러한 사례의 건물을 자세히 살펴보겠습니다.

대지 340평에 지은 마포구 30세대 정도의 아파트로, 인접지 유사물건의 대지가는 평당 3,000만 원입니다. 1층은 주차장으로 활용되고 있고, 2~7층은 공동주택(아파트)입니다.

마포구 30세대 나홀로 아파트형 빌라

(단위 : 100만 원, 평)

호수	전용	세대 총면적	공용	실사용 면적	지분	실제 용적률	내재가치	실거래 가격	거래가율
301	17,9	26,2	5,2	21	10,4	251	545	700	128%
302	"								
303	"								
304	"								
305	"								
소계		131			52,1				

1. 주거 위치는 좋으나 차 출입이 원활하지 못합니다.
2. 평면도, 시설 자재 등을 고려할 때 선호도가 낮은 편입니다.
3. 역세권이며 주변 편의시설을 고려하면 환경은 무난한 편입니다.
4. 전세 호가 6억 원으로 전세 만기 시에 부동산 조정기에 들면 어려움을 감수해야 할 것 같습니다.
5. 전세, 매매 투자자, 세입자 모두 만족하기에는 힘들 것으로 보입니다.
6. 매매가격보다 전세가격이 조정되어야 하는 물건입니다.
7. 최근 건축한 지 10년 내외로, 인접지 유사물건은 매매 5억 원, 전

세는 4억 원입니다.

8. 명칭은 아파트이나 빌라에 준해 평가합니다.

모든 가격은 내재가치로 회귀하는 특징을 가지듯이 이 아파트형 빌라도 언젠가는 제대로 된 내재가치 평가를 받을 날이 올 것입니다. 우리는 다양한 사례 분석을 통해 이 빌라의 장점은 무엇이고, 단점은 무엇인지를 잘 파악하고 있어야 합니다.

망원역 5분 거리 역세권 빌라의 내재가치는?

마포구 망원동 망원역 5분 거리 빌라

(단위 : 100만 원, 평)

호수	전용	세대 총면적	공용	실사용 면적	지분	실제 용적률	내재가치	실거래 가격	거래가율
301	9	13.1	2.4	10.7	5.8		293	250	85.3%
302	9	〃	〃	〃					
303	9	〃	〃	〃					
304	9	〃	〃	〃					
소계		52.5			23.2	226%			

1. 전체 대지면적 : 178평

2. 인접지 유사물건 평당 거래가격 : 3,200만 원

3. 평당 건축비 : 550만 원

4. 대지의 내재가치 : 210

　건물의 내재가치(주차장 포함) : 83(신축급으로 감가 생략함)

5. 기타 설명 : 호가가 2억 5,000만 원이므로 막상 계약에 임하면 몇 백 만 원 정도는 가격 인하가 가능할 것으로 보입니다.

6. 대지가격을 싸게 사서 지은 물건은 의외로 시세보다 낮게 나오는 경우가 종종 있습니다. 전세 시세가 2억 3,000만 원에서 2억 5,000만 원이라도 세입자는 큰 부담이 없어 보이는 물건입니다.

7. 인접지 유사평형 물건이 3억 원에서 3억 5,000만 원까지 자유롭게 거래가 되고 있습니다.

8. 1인 가구에 적합한 분리형 원룸 형태지만, 방 1개와 거실, 주방이 별도로 있어서 생활하기에 편리한 주택입니다.

9. 거래가율이 낮아서 제조원가 대비 저평가된 물건입니다. 따라서 안정적인 투자에 적합합니다.

신축 빌라의 내재가치

그럼 신축한 빌라는 내재가치를 어떻게 분석할까요? 그 예를 찾아보았습니다.

서울 마포구 한강 인접(도보 3분 거리) 신축 빌라

(단위 : 100만 원, 평)

호수	전용	세대 총면적	공용	실사용 면적	지분	실제 용적률	내재가치	실거래 가격	거래가율
201	14	19.9	3.6	16.3	8.8	226%	400	539	135%
202	9.1	12.8	2.3	10.5	5.7		310	413	133%
203	13.9	19.9	3.6	16.3	8.8		400	525	131%
소계		52.6			23.3	226%			

1. 건축업자가 평당 4,000만 원 정도를 주고 구입한 88평형 대지입니다.
2. 북향에 도로가 없고, 일조권 영향을 많이 받는 위치에 있습니다.
3. 2차선 도로변으로 교통, 주변 상가의 소음 등 영향으로 상급의 주거 위치로는 부족합니다.
4. 인근 지역 유사대지 평당가격은 다세대주택으로 감안할 때는 평당 2,800만 원 정도로, 평당 4,000만 원을 주고 구입한 것은 빌라를 지을 부지의 부족과 부동산의 장기호황으로 분양에 자신감이 있었기 때문입니다.
5. 거래가율 : 실거래가격/내재가치
6. 실제용적률 : 세대 총면적 ÷ 총지분

내재가치 계산

- 대지가치 : 지분 × 인근 유사 평당가격 × 실용적률/표준용적률
  = 대지가치
  8.8×2,800만 원×226 / 200 =278
- 건물가치 : 세대 총면적×550만 원 = 건물가 + 주차장 기타
- 주차장 기타 : 세대별 주차장 및 기타 면적 × 500 ×1/2
  19.9 × 550만 원 = 110
  4.4 × 550만 원 × 1/2 =12 내재가치 4억 원
※ 건축업자는 빌라나 아파트의 분양이 확실시되면 시세보다 비싸게 땅을 매입합니다.

최근 매매된 소형 빌라의 가치분석

서울 망원동 소재 소형빌라

물건 소재지	거래일	실거래 분석	내재가치 분석	비고
서울시 마포구 망원동 4**-3 방 2개, 거실	2021. 1. 18	건물 : 27.3㎡ (총건물면적 47.8㎡, 14.5평) 지분 : 17.7㎡(5.35평) 거래가격 : 2억 8,800만 원 1) 건물가치 8,000만 원 (대지 : 2억 800만 원 ÷ 5.35 = 평당 3,887만 원 실거래 평당 대지가격)	지분가치환산 14.5평 × 1/2 = 7.25평 2) 7.25평×3,000만 원 = 2억 1,750만 원 **내재가치** 1) 건물가치 + 2) 대지가치 = 2억 9,750만 원	1. 2013년 준공 2. 엘리베이터 3. 역세권

1. 다소 좁기는 하지만, 1인 가구나 신혼부부가 선호하는 구조입니다.

2. 2014년에 신축 입주 당시 매매시세(2억 1,000만 원)와 전세시세(2억 원)가 1,000만 원 차이다. 지하철과 불과 3분 거리이고, 입주 당시에는 인접 빌라에 비해 아주 비싸게 분양됐지만, 투자 금액이 많지 않은(총투자금 1,500만 원 내외) 빌라로 투자 금액의 네 배 정도 수익이 났습니다.

3. 지금도 전세보증금은 2억 5,000만 원 이상으로 안정적인 투자가 가능한 빌라입니다.

4. 21년 4월 현시점에서 실거주용 빌라(2002~2015년 건축분)는 내재가치 100% 내에서 거래되는 것이 대부분입니다. 안정적인 가격이고, 투자 수익률 또한 기대해볼 만한 물건들입니다.

5. 이 빌라는 내재가치 대비 97%로 거래됐으나, 대부분 90~95%에 거래되고 있습니다.

대지지분이 많은 빌라

마포구 망원동 지하철역과 한강 중간에 대지지분 20평이 넘는 빌라가 있습니다. 20세대가 넘어 가로주택 형태에 딱 맞는 연립빌라입니다. 북쪽 면에 8m 도로가 접하고 있고 지하철도 도보 5분으로 입지가 상당히 좋은 편이죠.

빌라의 형태에서 대지지분이 많으면 나홀로 아파트, 평수 큰 빌라, 소형빌라 재건축 등 활용할 수 있는 사업 분야가 아주 많습니다. 잘만 선택하면 제법 큰 돈을 만질 수 있는 투자 사업이기도 하죠.

그중에서도 경기에 상관없이 구상할 수 있는 사업의 형태는 소규모 아파트와 소규모 빌라입니다. 만약 일대일 재건축 형태의 중대형 평수의 빌라를 계획하면 최악의 결과를 낳을 수 있습니다.

30평대의 빌라 한 채(매매시세 6억 원) : 주민 재건축 선호
10평대의 세 채(한 채당 3억 원으로 총 9억 원)를 받을 수 있는 경우 : 건축업자 선호

이처럼 건축 방법에 따라 매매시세는 상당한 차이를 보일 수 있는데, 망원동 일반 단독주택지(용적률 200% 기준) 표준가격은 평당 3,000만 원 선입니다.

24평 평당 3,000만 원 = 7억 2,000만 원(일대일 재건축 시)

바로 재건축을 한다면 시세는 4,000만 원을 웃돌 수가 있죠.
24평 평당 4,000만 원 = 9억 6,000만 원(일괄 매각 시 가능금액)

건축업자에게 모든 빌라를 일괄매각하면 9억 6,000만 원도 받을 수 있지만, 통매각은 집주인의 100% 동의가 필요하다는 맹점이 있습니다. 단 한 사람만 반대해도 매각이 진행되지 않습니다.

가치는 9억 6,000만 원이지만, 현실적으로 6억 원 선(평당 2,500만 원)에서 매

매가 되는 이유는 재건축조합 설립과 통매매 사이의 딜레마가 반복되고 있고, 또 장기 보유 시 투자금이 장시간 묶이기 때문입니다. 재건축이나 일괄매각(통매매)이 빨리 이루어지면 좋은 투자지만, 늦춰지면 쪽박이 될 수도 있으니 유념해야 합니다.

재건축·재개발 관련 지분의 가치는 사업 장기화 시 등락이 심하고, 리스크도 있어서 특히 유의해야 합니다. 만약 재건축이 진행되지 않고, 일괄매각도 진행되지 않은 경우의 내재가치는 주변 유사빌라 거래가격으로 계산됩니다. 유사빌라의 평당 대지가치는 2,500만 원 내외이고요.

이러한 물건은 진행속도와 사업(재건축) 정보가 성패를 좌우하고, 사업 지연이나 장기 보유가 지속된다면 부동산 특성상 큰 폭의 하락도 예상되므로 여유자금으로 느긋하게 투자하는 것이 좋습니다.

6;

내재가치의 다양한
투자 사례 들여다보기

이제 좀 내재가치가 무엇인지 감이 오시나요? 내재가치보다 비싸게 집을 사더라도 일정 기간이 지나면 집값은 내재가치로 돌아옵니다. 그렇기 때문에 저평가된 주택이 안전한 마진 확보와 수익성이 월등해 눈여겨봐야 할 투자 상품이 되는 것이죠. 내재가치를 알아갈수록 우리는 집을 보다 더 싸게 구매할 수 있습니다. 다양한 간접 경험을 통해 투자의 감각과 자신감을 동시에 길러봅시다.

'통매매'에도 장단점이 있다!

'통매매'란, 말 그대로 '통째로 건물을 사고파는 행위'를 말합니다. 주변을 보면, 건물을 통째로 사려고 하는 사람이 의외로 많습니다. 얼마 전, 여윳돈이 있다며 이것저것을 물으러 오신 손님이 계셨습니다.

4년 전에 저희 부동산 중개업소를 통해 물건을 구매했는데, 그때의 브리핑을 잊을 수 없어서 재방문했다는 것입니다.

그가 주목한 물건은 2002년 준공된 다세대주택 투룸 12가구 통매매였습니다. 대지는 60평 정도였고, 1층은 필로티 주차장, 5층까지 층당 세 가구씩 있는 구조였습니다. 재고주택 기준으로 그 건물의 내재가치는 18억 원 정도였는데, 현재 23억 원에 흥정 중이라고 했습니다. 전세가 15억 원 정도 끼어 있어서 8억 원 정도만 있으면 매입이 충분히 가능한 물건이었습니다. 그는 자신이 가진 7억 원의 여윳돈으로 통매매를 통해 건물주가 되고 싶은 모양이었습니다.

사실 통으로 매입하면 외관상 빌딩의 소유주, 대단한 부자처럼 보일 수는 있습니다. 하지만 뜯어서 낱개로 하나하나 보면 이야기가 좀 달라집니다. 열두 가구 중 A급은 단 서너 개일 뿐이고, 나머지는 B, C등급의 빌라를 소유한 꼴일 뿐입니다. 이렇게 되면 나중에 통으로 매각하기도 어렵습니다. 수익을 내는 것은 더더욱 어렵겠죠.

열두 가구의 가구수를 일일이 관리하는 것도 보통 일이 아닙니다. 매년 서너 가구는 이사를 가기 마련입니다. 복비며, 수리비도 계산해야 합니다. 최소 500~1,000만 원이 들어갈 수 있습니다. 재산세·종부세도 만만치 않죠. 그래서 나오는 월세가 없으면 장기 보유 자체가 어려워집니다. 버티다 결국 헐값에 팔게 되는 경우가 부지기수죠. 월수입 자체가 많은 사람은 세월이 흘러 건물값도 오르는 적금의 개념으로 유유자적할 수 있지만, 그렇지 않은 사람이 덜컥 매입하면 애물단지로 전락하는 것은 순식간입니다.

부동산은 정확한 정보를 분석해 자신에게 맞는 정보를 대입하는 것이 성공의 열쇠입니다. 그저 좋아 보인다고 덜컥 계약했다간 수렁에 빠질 수 있습니다. 저희 부동산 중개업소를 찾아온 그분도 여윳돈 7억 원만 생각했지, 통매매의 장단점을 제대로 알고 온 것은 아니었습니다. 굳이 내재가치와 비교해 5억 원이나 비싼 물건을 살 필요가 있겠냐고 조언했습니다.

사람은 뭔가에 한번 꽂히면 오직 그것만 보려고 하는 경향이 강합니다. 그럴 때일수록 주변을 돌아보고 여기저기 조언을 구하는 것도 망하지 않기 위한 하나의 방법입니다. 진짜 모습은 잘 보이지 않는 법입니다. 실속 있는 통매매를 하려면 더더욱 주의를 기울여야 하겠습니다.

내재가치가 비슷할 때는 어떻게 해야 할까?

내재가치가 비슷하게 나와 헷갈리는 물건들이 있을 때는 어떻게 해야 할까요? 여기 그 사례를 한번 보시죠.

내재가치가 비슷한 빌라들의 거래 형태와 가격 형성

(단위 : 100만 원)

거래연도	1. 대지지분24평(1981년 건축) : 24세대	2. 대지지분 19평(1983년 건축) : 30세대	최저가	3. 전용 22평 (2002년 건축) : 32세대	4. 전용 23평 (2002년 건축) : 8세대	5. 전용 22평 아파트형 빌라 (2002년 건축) : 32세대)
06	165~180(3)	160~180(3)	155	155~170(3)	170~203(3)	160~185(3)
07	238~290(4)		180	181~220(4)		180~190(3)
08	368		273	273		314~315
09		260~297	260			260
10	없음		없음			
11	340		215	215		298
12			250	250		268
13	308	237~280	237	265~280	264	250~260
14	338		267	280~295	267	
15	359	290~337	240	240~317	247~324	299~305(3)
16	398	325~375	305	305~327		335~355(3)
17		480~490	316	316~358(7)		400
18		460~490(5)	290	290~368		
19			365	365~403(3)		436
20	590		450			450
21		588	410	410~440(3)	520	400

( )는 거래량

2006~2009년까지 빌라는 오름세를 계속했는데, 재건축에 민감한 시기였습니다. 아파트값이 많이 오르면 재건축 관련 주택(특히 빌라)가격이 많이 오른다는 것을 암시합니다. 아파트는 너무 올라 버블세븐지역 (2006년 정부가 부동산 가격에 거품이 많이 끼었다고 지목한 7개 지역)이 지정되기도 했지만, 거품은 서서히 꺼지는 중이었습니다.

2010~2014년의 부동산 경기는 빙하기(거래가 끊기고 가격은 하락)였습니다. 경기가 꿈틀거리기 시작한 것은 2012년입니다. 아파트와 빌라 모두 암흑기에서 서서히 회복할 때였습니다.

1, 2번은 재건축, 지분 투자, 주거 겸용이 매매 목적입니다. 3, 4, 5번은 실거주용 빌라입니다. 1, 2번 집은 큰데 주차장이 거의 없고 외벽이 허술해 겨울에는 춥고 여름에는 덥다는 것, 그리고 집이 오래됐다는 것이 흠입니다. 3, 4, 5번 실거주용은 아파트 못지않은 주거의 형태를 지니고 있어 수요가 많은 편입니다. 거래 건수가 상대적으로 많고 환금성도 좋습니다.

지분 투자는 부동산 경기에 따라 등락이 심하고, 환금성도 취약합니다. 전세금이 주거용보다 낮아서 투자 비용도 상대적으로 많이 투입됩니다. 불경기에는 대지 거래가격이 시세보다 낮게 형성됩니다. 호경기에는 시세보다 높게 형성됩니다. 자금의 여유가 있고 장기 투자를 원하면 지분 투자가 딱입니다. 재건축은 속도에 따라 투자 수익이 크게 좌우됩니다.

1번 주택은 주택건설업자나 건설업자가 세대 전체를 일괄 매도 시 7억 원 이상을 제시하고 있으나 소유자 전원이 동의해야 가능한 거래로, 한 명이라도 반대하면 거래성사가 안 됩니다. 몇 년째 줄다리기를 하고 있는 중이라 거래가 없습니다.

1, 2번 주택은 건축업자가 가장 탐내는 물건들입니다. 실제가치로는

1번은 9억 원이 넘고, 2번은 7억 원 이상의 가치가 있습니다. 1, 2번은 전세금이 상대적으로 적어 불경기에는 쉽게 하하락합니다. 즉 가격의 출렁거림이 심합니다.

반면, 실거주용 빌라는 전세가격이 높아서(매매가격의 70~90%) 투자금도 적고, 하방경직성이 강해 집값이 쉽게 내려가지 않습니다. 그래서 내 집 마련이나 디딤돌로는 무난한 투자입니다. 1, 2번 주택은 업자와 모든 소유자 간에 타협이 원만하게 이루어지면 대박 나는 경우가 많습니다. 모든 투자는 참고 기다리면서 저평가주택을 사는 자만이 승리자가 됩니다.

환금성이나 기간 중 회전율을 보면 1, 2번 주택은 60% 정도, 3, 4, 5번 실거주용 빌라는 거의 100% 수준입니다.

부동산 투자 STORY

노후를 대비한 중년 부부의 이야기

몇 년 전, 한 중년 부부가 우리 중개업소에 찾아온 적이 있었습니다. 전용 25평의 상가주택에 전세로 살고 있던 중에 집주인과 마찰이 심해져 도움을 청하러 온 것이었죠. 그들은 고민 끝에 전세금 1억 5,000만 원으로 전용면적 22평인 빌라를 2억 3,000만 원에 매입했습니다.

전용이 넓은 빌라는 그 자체로 희소가치가 큽니다. 미래가치가 얹어지는 것처럼 보이는 것도 바로 이 희소가치 덕분입니다. 땅값이 오를수록 빌라는 소규모로 지을 수밖에 없습니다.

중년 부부는 갖고 있는 빌라를 이용해 노후 대비도 하고 싶다고 했습니다. 마침 매물로 나온 다가구주택을 소개했고, 그들은 망설이지 않고 계약을 했습니다. 매매가격은 6억 5,000만 원, 전세보증금은 5억 원, 실투자금은 1억 5,000만 원이었습니다. 여유자금 5,000만 원과 빌라 담보 융자 1억 원을 받아 해결했습니다.

그들은 여유자금이 생기는 대로 전세를 월세로 전환할 계획도 세웠습니다. 그분들이 운이 좋다고 생각했는데, 그 이유는 현재 다가구주택이 많이 부족한 실정이라서 값이 계속 오르고 있기 때문입니다. 당장 되판다고 해도 6억 원은 더 받을 수 있다는 계산이 들었습니다. 부부는 간절히 열망하니 소원이 이루어졌다고 하면서 무척 기뻐했습니다.

사실 재테크에서 다른 사람의 이야기는 무의미할지도 모릅니다. "누가 땅을 사서 몇억 원을 벌었네, 집을 몇 채 사서 큰돈을 벌었네" 하는 이야기는 우리 마음을 위축시킬 뿐입니다. 진짜는 내 노력으로 단돈 100만 원이라도 벌어보는 것이겠죠.

부동산 투자에서 정확한 정보는 무엇보다 중요합니다. 정확한 정보를 바탕으로 소신껏 결정하지 않으면, 주변 사람들에게 휩쓸려 비슷한 방법으로 비슷한 투자를 해버리고 맙니다. 그래서 부동산은 심리입니다. 심리대열, 군중심리에 합류해버리면 대부분 실패의 길을 걷습니다.

내 집을 싸게 사는
최고의 방법

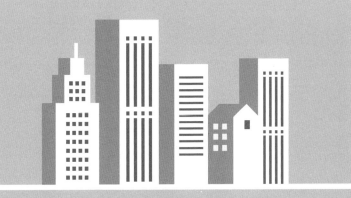

1;

집의 진짜 가치를
우리는 제대로 알고 있나?

　좀처럼 영하로 내려가지 않는 섬이 우리나라에 있다는 것을 아시나요? 바로 '나로도'입니다. 제가 사는 일산에서 나로도까지 대략 편도로 6시간 걸립니다. 저는 1년에 2~3번은 나로도에 갑니다. 우주발사기지이기도 한 나로도에는 '은둔의 숲'이라는 아주 멋진 숲이 있기 때문이죠. 너무 멋있어 세상에 알려지지 않고 숨어 있으라는 숲, 저만 고이 간직하고 보고 싶을 때만 보는 숲입니다.

　그곳엔 100년 된 편백 7,000그루와 삼나무 2,000그루가 고목이 되어 바다를 벗 삼아 살고 있습니다. 편백 향으로 가득 찬 숲은 입구에 들어서기만 해도 진한 삼림욕을 즐길 수가 있죠. 특히 겨울이 되면 복수초가 마치 태양을 머금은 듯 심장을 고동치게 합니다. 은둔의 숲의 상징인 동백과 복수초, 편백을 보고 마시고 파도를 보며 넋 놓던 곳. 봄이면 바다에는 회오리가 일어나고, 일본인들이 좋아한다는 나로도 생선은 최고의 특산품이기도 합니다.

봄에는 숭어와 바지락, 여름에는 병어, 서대, 가을과 겨울에는 삼치
가 풍성한 곳. 제주도와 일본이 가까운 나로도는 노래미가 자주 잡히는
곳이기도 합니다. 해삼도 많았던 외초, 상초, 염포 바닷가에서는 1시간
에 20마리씩 노래미가 잡히곤 했습니다. 얼마나 노래미가 많았으면 초
등학교 5학년이었던 아들과 1분 안에 노래미를 얼마큼 많이 잡아 올
리는지 시합을 했을까요? 그런데 지금은 어부들이 쳐놓은 삼중 그물에
노래미의 씨가 말라버렸다고 합니다. 자연의 섭리를 거스르니 바다가
탈이 나고 만 것입니다.

집도 마찬가지입니다. 과도한 정부의 규제가 서민의 마음을 불편하
게 하고 있습니다. 조그만 집 한 채를 사려고 해도 엄두가 나지 않죠.
"집이란 무엇일까?" 이런 질문을 받으면 여러 대답이 쏟아져 나올 것
입니다. 아늑한 곳, 휴식 공간, 가족과 화목하게 지내는 장소 등이 제일
먼저 튀어나오겠죠. 그런데 요즘 돌아가는 상황을 보면 집이 꼭 아늑한
휴식 공간이 되는 것은 아닌 것 같습니다. 상대적 박탈감, 전세 난민, 영
끌족의 애환 등 오히려 '집'이라는 단어가 우리의 마음을 무겁고, 칙칙
하게 만들고 있죠.

집은 상품일까요? 아니면 보금자리일까요? 전 세계 어느 나라든 주
택 소유자와 무주택 소유자의 비율은 비슷합니다. 특히 경제가 활성화
되고, 경제력이 좋은 대도시의 경우는 주택 소유의 비중이 상대적으로
낮습니다. 집을 소유하는 것이 경제활동에 걸림돌이 되거나 오히려 번

거롭기 때문입니다. 집이 있으면 취업이나 직장 이동 등에 제약이 따르고, 집값이 오를지 내릴지 자나 깨나 걱정해야 합니다. 거기에 1년에 두 번 나오는 재산세를 비롯한 각종 준조세를 부담해야 하죠. 또 자녀들 전학 문제까지 겹치면 "아이고 머리야~!" 하는 소리가 절로 나옵니다.

그러면 누군가는 이렇게 말할지 모릅니다. "그래도 집 한 채는 갖고 있잖아요! 배부른 소리 하시네요!"라고요. 정말 그럴까요? 집을 갖고 있다고 해서 재산 증식에 정말 도움이 될까요? 오히려 무주택자로 살면서 집에 투자할 돈으로 주식에 투자하며 유유히 사는 사람도 많습니다.

정부는 집값을 안정시킨다는 명목으로 1가구 1주택을 고집하고 있습니다. 그런데 그것이 과연 주거 안정에 도움이 될까요? 당장 정부 입장에서도 세금 수입이 줄어 엄청난 손해가 나는 정책입니다. 다른 나라의 경우를 살펴볼까요? 진즉에 정부 임대주택 사업을 고집하던 나라들이 지금은 임대주택을 개인에게 매각하고 있습니다. 왜 그럴까요? 임대주택을 국가 차원에서 관리하면, 천문학적인 비용이 투입되어야 하기 때문입니다. 다른 데 쓰여야 할 돈이 임대주택에 막대하게 들어가면서 경제 성장에도 큰 걸림돌이 됩니다.

많은 경제학자들이 자본주의에서 집은 '상품'이고, 공산주의에서는 '보금자리'라고 말합니다. 상품은 사고파는 것이 자유롭지만, 보금자리는 정부의 허가를 받고 이사를 하거나 수리해야 합니다. 과연 이러한 정책이 올바른 주거 정책이라고 할 수 있을까요?

결론은 뭔가 부족하다는 것입니다. 소통과 공부가 부족하기 때문에 이런 정책이 나온다고 여깁니다. 부동산 정책을 제대로 펼치려면 공부를 좀 하고 해야 합니다. 그것도 상당히 많이 해야 합니다. 그렇지 않으면 어설픈 마녀사냥이 될 수밖에 없습니다. 1가구 1주택을 실현하기 위해 다주택자를 마녀로 몰아가는 것은 그리 좋은 정책이 아닙니다. 그렇다면 지금의 부동산 시장 문제를 타개하려면 어떻게 해야 할까요?

1. 일시적 2주택이 투기의 본질이라고 보고, 1가구 1주택 비과세 정책은 축소되어야 합니다.

2. 투기를 낳는 또 다른 본질은 '신용 팽창'에 있습니다. 전세 대출도 신용 팽창에 엄청난 기여를 하고 있습니다. 우리나라는 전세라는 특유의 제도로 엄청난 돈이 부동산에 투입됩니다. 부동산 안정화를 꾀하려면 차라리 월세를 정부에서 임대인에게 직접 지원하는 것이 좋습니다.

3. 신혼부부를 위한 전세대출, 청년들을 위한 전세대출, 각종 기금성 전세대출, 영세민을 위한 LH전세지원, 서울시 지원대출, 전세안심대출 등 헤아리기도 힘들 정도로 많은 것이 전세지원대출입니다. 대출은 돈이고, 돈은 돌고 돌아 신용을 창출합니다.

4. 상품이 넘치면 가격은 제자리로 돌아옵니다. 공급을 활성화시키고, 단기 차익 세력만 막으면 부동산은 안정됩니다.

주거문제는 인간의 본성인 탐욕이 직결된 문제입니다. 그렇기 때문에 인간을 이해하고 공부하려는 인문학적 소양이 필수적으로 수반되어야 합니다. 정책을 결정하는 사람들이 인간에 대한 이해가 없다면 헛발질 하는 주거 정책만 내놓을 수밖에 없습니다. 국민의 중요한 재산이면서 전부인 집을 너무 가볍게 보는 현실 인식이 너무나 아쉽습니다.

가치를 찾는 연습을 하면
진짜와 가짜를 구별할 수 있다!

우리는 무언가를 쳐다보고 판별을 합니다. 저게 좋은 것인지, 나쁜 것인지 말이죠. 물건도 그렇고 사람을 보아도 그렇습니다. 어떤 물건이 명품인지, 어떤 사람이 좋은 사람인지 우리는 지켜보면 알 수 있습니다. 그렇게 판별해내는 능력을 '안목'이라고 합니다.

부동산도 마찬가지입니다. 상승장일 때는 "게나 고동이나 다 오른다"라는 말처럼 여러 물건이 동시에 오릅니다. 하지만 조정기는 다릅니다. 투자 세력이 사라지면 가짜는 사라지고, 진짜가 드러나게 됩니다.

싸고 좋은 집 한 채를 사야 하는 우리는 어떻게 해야 할까요? 당연히 집의 가치를 꼼꼼하게 살피고 따져 가치를 분별하는 힘을 키워야 합니다. 갖고 있는 가구가 다 들어갈 수 있는지, 가족들이 원하는 크기의 집인지, 거실이나 방의 배치가 적절한지, 주차는 괜찮은지 다 따져봐야 합니다.

외관만 화려한 집은 언젠가는 탄로가 납니다. 조정기나 불경기 때 팔리는 집은 대체 화장발에 밀려 저평가된 집들입니다. 그만큼 저평가된 집들은 시간이 흐를수록 진가를 발휘합니다. 마치 진국인 사람은 오래 두고 볼수록 매력을 느끼는 것처럼 말이죠. 우리는 흔히 가치 있는 것을 말할 때 다이아몬드를 언급합니다. 깨지지 않는 것, 단단한 것, 변하지 않는 최상의 보석이기 때문이죠.

집도 어떠한 상황 속에서도 그 가치가 쉽게 떨어지지 않는 것이 있습니다. 다이아몬드 같은 집은 바로 저평가주택입니다. 그런데 사람들은 보석인 다이아몬드에는 열광하면서 저평가된 주택에는 그리 열광하지 않습니다. 그동안 쌓아둔 고집과 편향적인 정보로 부동산을 판단하기 때문입니다.

무조건 비싼 집이 좋은 집이 아닙니다. 다이아몬드인 줄 알고 덜컥 샀다가 그저 그런 광물이 될 수 있습니다. 워런 버핏의 멘토인 찰리 멍거는 이렇게 말합니다.

"잘못 매겨진 가격인지도 확실히 알아야 한다!"

제대로 된 가격을 아는 것도 중요하지만, 잘못 매겨진 가격인지도 알아낼 수 있는 혜안을 길러야 한다고 그는 주장합니다. 그 혜안은 내재가치를 꼼꼼하게 분석하고 살피는 것으로 충분히 기를 수 있습니다.

2;

다주택자 프레임은
위험하다

'다주택자'란, 말 그대로 집을 두 채 이상 가진 자를 말합니다. 실질적인 다주택자, 법률적인 다주택자, 세법상의 다주택자 등 다주택의 의미에도 여러 가지 정황과 이유가 있겠지만, 우리가 다주택을 하게 되는 가장 큰 이유는 아마도 행복 추구 때문이 아닐까 싶습니다.

인간의 삶은 끊임없는 행복 추구의 연속입니다. 내 집에서 살아서 좋고, 싸게 빌려서 살아서 좋다면 문제가 없습니다. 어떤 사람은 집 한 채가 원망스러울 수도 있고, 세를 못 구해서 화가 날 수도 있겠죠. 정부는 이러한 문제들을 조화롭게 해결하려는 노력을 기울이면 그만입니다.

그런데 현실은 어떤가요? 모 국회의원은 다주택을 지닌 다른 국회의원에게 모욕적인 언사를 늘어놓습니다. 세금이라도 제대로 많이 내라는 둥, 비아냥거리던 그도 사실은 네 채를 소유한 다주택자였습니다.

그도 자신이 다주택일 수밖에 없는 여러 정황과 이유가 있을 텐데 또 다른 다주택자를 비웃고 말았던 것이죠.

우리나라 인구는 이제 5,000만 명이 넘었습니다. 외국인의 수도 100만 명이 넘은 지 오래입니다. 간단히 계산해서 필요한 집이 2,500만 호 정도도 된다고 가정해봅시다. 정작 내 집을 갖고 사는 사람은 1,000만 명 정도입니다. 나머지 1,500만 호는 누가 공급할까요? 정부에서 대신할 능력이 없는 부분을 사실 다주택자가 해결하고 있는 것인데도 말이죠.

1가구 1주택 정책은 문제가 있습니다. 집 문제에 대해 미국이나 유럽, 그 어느 나라도 정부에서 관여하는 곳이 없습니다. 이는 독재국가나 사회주의로 망한 국가가 펼치는 구시대적 정책입니다.

물론 투기를 목적으로 다주택을 소유한 사람도 있을 수 있습니다. 하지만 대다수의 다주택자는 선량한 보통 국민입니다. 1%도 안 되는 투기 목적의 다주택자를 잡기 위해 99% 선량한 다주택자를 잡는 정책을 펼친다면 문제가 심각합니다. 더구나 세금을 잘 내고 있는 다주택자를 적폐로 몰아간다면, 앞으로의 세수(稅收)는 어디서 거둘 건가요?

1%의 투기 목적의 다주택자를 잡아내려 한다면, 법을 더 정교하게 만들어서 대처하면 될 일입니다. 빈대 하나 잡으려고 초가삼간 다 태우는 격인 지금의 정부 정책은 한심하기 이를 데가 없습니다. 게다가 집을 급히 팔아야 할 때가 오면 어떻게 할까요? 무주택자가 살 가능성은 현저히 낮습니다. 집값이 하락하면 집을 살 것 같아도 그들은 그리 쉽

게 움직일 수 있는 돈이 없습니다. 정책을 다루는 사람은 이런 문제를 꼭 알고 있어야 합니다.

우리나라의 부동산 실정은 어떤가?

다주택자 프레임은 결국 우리나라의 부동산 정책이 실패하고 있다는 것을 방증하는 것이기도 합니다. 정권이 바뀔 때마다 부동산 정책은 바뀌어왔지만, 아직 또렷한 효과를 얻지 못하고 있습니다. 최근에는 급등하는 집값으로 대출이 급증하고 무리하게 자금을 끌어들여 너도나도 과열된 부동산 시장에 뛰어들었죠. 우리나라의 부동산 문제, 과연 이대로 괜찮은 것일까요? 하나하나 항목별로 자세히 짚어보겠습니다.

1. 양도세

우리나라는 양도세가 결코 낮은 편이 아닙니다. 조정지역 다주택자는 양도세에 주민세까지 합하면 6월 1일부터는 82.5%를 세금으로 내게 됩니다. 그래서 집을 팔기가 쉽지 않아졌습니다. 설사 팔더라도 취득세 중과로 다른 물건을 살 수 없어 진퇴양난의 상황에 부닥치게 됩니다.

부동산 급등기에는 단기 매매차익 환수에 주력하는 게 맞습니다. 그런데 지금은 도리어 반대로 재고주택 매매를 차단하는 결과를 가져오고야 말았습니다. 1~2년 이내에 매매하면 높은 세율을 적용하고, 장기보유자는 3년, 5년, 10년, 15년 이상 구분해 단일세로 양도세를 부과하는 방법을 고려해야 합니다. 기여도에 따라 양도세를 부과하는 방식은 투기를 근절시키는 데 효과적입니다.

2. 취득세

다주택자도 6억 원까지는 취득세가 1%였습니다. 그런데 지금은 어떤가요? 거래가격 기준으로 8~12%가 됐습니다. 취득세 중과는 거래 절벽과 이동제한을 초래하고, 부동산 수급에 극도의 악영향을 미칠 수 있습니다. 주거 사다리를 찾는 수많은 젊은 사람들에게 내 집 마련의 기회를 빼앗고, 순수한 임대사업자를 말살시켜버린 것입니다.

단기 투자 방지책을 세우고 빌라나 소액 물건은 거래를 자유롭게 할 수 있도록 길을 터주는 게 최소한의 주택 공급과 주거 사다리를 위해 필요합니다.

3. 일시적 2주택

일시적 2주택은 양도세 비과세를 위한 제도입니다. 그런데 이를 악용하는 많은 사람이 여러 개의 주택을 보유하면서 비과세로 세금을 피하는 용도로 악용하고 있다는 것이 문제입니다. 주거 안정이 최우선이라면, 본인이 살고 있는 집의 거주기간만 비과세 하는 제도로 바뀌어야 합니다. 집을 두세 채씩 보유한 상태에서 거액의 양도차액이 발생해도 소액만 납부하거나 아예 하나도 내지 않은 경우가 대부분입니다. 1가구 1주택이라도 큰 금액의 양도차익이 발생하면, 아주 소액이리도 양도세를 내는 것이 공정하고 합리적입니다.

4. 전·월세 문제

전·월세 문제를 안정시키려면 한마디로 다주택자 육성 방안 외에는 방법이 없습니다. 다주택자는 국가가 해야 할 임대사업을 대신해주는 사람입니다. 국민이나 국가 양쪽 모두에게 이익을 주는 엄연한 사업자입니다.

5. 재건축·재개발 문제

재건축을 고려할 때 가장 중요한 것은 사업비 절감입니다. 사업비가 절감되면 아파트 거래가격 안정에도 충분히 기여할 수 있습니다. 사업비를 절감하려면 공사비의 무분별한 지출 창구인 서면결의서를 폐지하고 조합원, 전문가 집단의 적극적인 참여를 독려해 공사비 지출 공정성과 투명성 확보를 유도해야 합니다.

6. 부동산 거래 시장 문제

정부에서는 공인중개사가 받는 중개수수료를 법정수수료로 정해놓았습니다. 따라서 공인중개사는 법으로 정한 만큼의 수수료를 받으며, 자그마한 실수에도 과태료 징계 등 엄격한 법적 제약을 받고 있습니다.

그런데 문제는 이러한 제약이 공인중개사에게만 국한된다는 점입니다. 실제 부동산 시장에서 활동하고 영업을 하고 있는 수많은 컨설팅업체, 부동산 전문채널, 분양사와 직원 등은 수수료의 제한이 없습니다. 심지어 양도세를 신고할 때 모든 비용을 인정받기도 합니다. 그들에게 돌아가는 과다한 컨설팅 비용과 수수료는 결국 무지한 국민들의 손에서 나가게 됩니다. 정부는 선량한 국민들의 피해를 방지하고 똑같은 문제가 발생하지 않도록 예방해야 합니다.

7. 임대주택 문제

정부 주도보다 민간 전문가 기구에 맡기는 것이 집값 안정에 더 효율적입니다. 비전문가들이 주도하면 정치적으로 표를 계산한 정책밖에 나오지 않습니다.

국가의 독립기구로 '주택청 설치'는 선택이 아닌 필수입니다. 주택청에서 주거를 관장하지 않으면, 대한민국 지방의 모든 도시 노화는 시간 문제겠죠. 노화된 도심은 폐허가 되고, 도심 외곽은 아파트로 가득차게 되어 나라 전체의 경쟁력은 현저히 떨어지게 됩니다. 수도권과 대도시를 제외한 지방 중소도시는 유령도시로 전락할 가능성이 아주 큽니다. 우리의 미래세대는 지금의 일본이 겪는 것처럼 빈집 대란과 주택철거 문제 등을 떠안고 가게 될 것입니다.

8. 부동산의 정치화

부동산의 정치화는 국민 사이의 의견 대립만 부추길 뿐입니다. 국민을 위한 주택정책이 아닌, 투표권을 위한 정책은 결국 모든 국민을 정쟁이라는 소용돌이에 몰아가게 됩니다. 정치가 부동산이라는 이슈를 이용하지 못하도록 제도적인 보완장치가 필요합니다. 앞서 언급했듯이 주택청 설치가 해답이 될 수 있습니다.

3;

마법을 일으키는
씨앗에 투자하라

투자는 해보고 싶은 마음이 굴뚝 같지만, 자금이 부족하다면 어떻게 해야 할까요? 그래도 뭐라도 시도를 해보고 싶다면 무엇을 어디서부터 시작해봐야 할까요? 그것은 바로 마법을 일으키는 씨앗에 투자를 해보는 것입니다. 무슨《잭과 콩나무》같은 동화 같다고요? 이 방법은 투자 비법에서 발상의 전환을 유도하는 기법입니다. 한 예를 들어보겠습니다.

최근 지인이 마포구 서교동에서 30분 거리인 교외에 집을 샀습니다. 전원형 주거지였는데, 이러한 주거지는 겨울에 구매하는 것이 정석입니다. 왜냐하면, 잎이 다 떨어진 나무와 산 풍경에 건물만 덜렁 있어 건물의 가치를 제대로 가늠하기 힘들기 때문입니다. 봄이 되면 숨어 있던 식물들이 올라와 꽃이 피고 새싹들이 돋아나면서 본모습을 드러냅니다.

지인은 버려둔 지 오래된 이 집을 겨울에 보고는 사기로 했습니다.

결정하는 시간은 1분도 채 걸리지 않았다고 합니다. 낙엽은 수북하게 쌓이고 난방은 고장 나 있고 전등은 깨져 있거나 엉망이었는데도 말이죠.

지인은 340평이라는 큰 평수에 그동안 모아놓은 돈을 전부 투자해 한 달 동안 수리를 진행했습니다. 어느 정도 완성되고 나니 그럴싸한 펜션 분위기가 났습니다. 유실수도 몇 그루 심었는데, 주로 1년생 묘목이나 씨앗을 가져다 심었다고 합니다. 고작 몇천 원에서 몇만 원 사이의 묘목과 씨앗을 심었지만, 몇 년만 지나면 수십, 수백 배의 가치로 성장할 것을 지인은 알고 있었던 것이죠. 지금은 멋진 궁궐과도 같은 집에서 유유자적 시간을 보내고 있습니다.

부동산도 마찬가지입니다. 2015년에 1억 원만 투자하면 노후 대비와 평생 먹고사는 문제를 해결할 수 있다고 사람들에게 제의한 적이 있었습니다. 그중 세 명은 5,000만 원 정도를 투자했고 30여 명은 3,000만 원 정도를 투자했습니다. 40년 된 노후 연립주택을 은행 융자를 4,000만 원 정도 받고 월 15만 원의 월세를 놓거나, 전세로 3,000만 원 정도를 놓는 일이었습니다.

그 건물은 재건축이 진행되어 21평 아파트는 분담금 2억 3,000만 원 정도를 부담하고, 2019년 9월에 준공됐습니다. 현재 전세가격은 4억 5,000만 원, 매매는 7억 원 정도입니다. 월세는 보증금 5,000만 원에 월 120만 원으로, 두 채를 받은 사람은 월세 240만 원이 나오는 구조가 됐습니다.

대지를 평당 10분의 1 가격에 사라

이처럼 씨앗에 투자하는 것은 대지를 평당 10분의 1 가격에 사서 투자하는 것입니다. 만약 평당 4,000만 원의 대지 100평을 사려면 40억 원의 돈이 투자됩니다. 평당 400만 원의 대지 100평이라면 4억 원으로 구매를 할 수 있습니다. 이게 말장난처럼 들릴 수 있겠지만, 사실이 그렇습니다. 지금은 씨앗이고 묘목이지만, 시간이 흐르면 수십, 수백 개의 열매를 맺는 엄청난 힘을 발휘할 수 있습니다.

씨앗만큼 부가가치를 내는 것은 없습니다. 땅도 비슷하죠. 땅은 씨앗이 뿌려져 열매를 맺게 되면 그 열매의 수만큼, 아니, 그 열매가 품고 있는 엄청난 씨앗의 수만큼 더 많은 것을 거둬들입니다. 하나의 작은 씨앗이 기하급수적으로 열매를 맺어 또 다른 새로운 씨앗을 가져다줍니다.

지금 당장 눈앞의 이익만 생각한다면 씨앗을 심기 어렵습니다. 씨앗은 심고 나서 참고 기다리는 인내의 시간이 필요하기 때문입니다. 하지만 투자금이 부족하거나 열정이 있는 투자자라면 가장 좋은 투자 방법입니다. 소문난 잔칫상에 괜히 기웃거려봐야 얻어지는 것은 별로 없습니다. 좋은 재료를 싸게 구입해서 앞으로 풍성해질 나만의 잔칫상을 상상하면서 텃밭을 일궈보는 경험을 꼭 해보시길 추천합니다.

4:

내 집 마련에
필요한 모든 것

    내 집 마련을 하기 위해 꼭 필요한 것은 무엇일까요? 물론 '돈'이 있어야 합니다. 하지만 그것 말고도 갖춰야 할 게 아주 많습니다. 우선 나이외에 다른 사람의 말은 참고만 해야 합니다. 즉, 투자 결정은 직접 본인이 해야 한다는 것이죠. 귀가 팔랑팔랑해서도 안 됩니다. 굳은 의지와 확고한 결단으로 투자의 전장으로 뛰어들어야 합니다.

    내 집 마련은 충분한 계획과 실행이 필요합니다. 우물쭈물해서도 안되고 그렇다고 너무 저돌적일 필요도 없습니다. 돈이 내 집 마련의 주인공이 되도록 양보하지 마세요. 열정으로 가득 찬 당신만이 내 집 마련의 주인공이 될 수 있습니다.

이사는 가고 싶고, 돈은 없고?

올해 1살, 3살 된 아이 둘을 키우는 30세 김모 씨는 아이들의 짐이 점점 늘어가자 집이 좁다고 느껴졌습니다. 더 큰 집으로 이사를 해야겠다고 마음먹은 그가 상담차 저희 중개업소에 들렀는데, 그의 재산이라고는 통장에 잔고 100만 원과 3년 전에 1억 원을 대출받아 산 빌라가 전부였습니다. 도움을 받을 만한 사람도 없고 기댈 곳은 오직 부모님밖에 없었는데, 집 사는 것에 대한 부모님의 반대가 아주 심했습니다.

그나마 소유하고 있는 빌라를 팔면 32평형 아파트를 6억 5,000만 원에 살 수 있었고, 마침 매물도 나와 있었습니다. 하지만 빌라가 매매되기 전이라 계약금이 없다는 게 문제였죠. 김모 씨가 본 물건은 고층에다 구조도 넓고, 한강에 인접하고 있어서 주거 여건도 좋은 편이었습니다.

결국, 양가 부모님에게 계약금 일부를 빌리고 매도인과 협상해 집값을 2,500만 원 깎았습니다. 계약금도 5%만 지급하는 조건으로 하고, 빌라가 매매되면 계약금과 중도금을 받는 즉시 지급하는 별도 조항을 넣어 계약을 진행했습니다.

김모 씨가 산 아파트와 판 빌라의 내재가치 비교

(단위 : 100만 원, %)

구분	종류	지분	용적률	인접지 기준가	내재 가치	거래 가격	거래 가율
매도물건	2014년, 전용 18평 빌라 방3, 욕실2, 거실, 엘리베이터	11	200%	32	470	360	76%

구분	종류	지분	용적률	인접지 기준가	내재 가치	거래 가격	거래 가율
매수물건	32평형, 2000년식 아파트 방3, 욕실2, 거실	8.3	360%	32	857	625	73%

1. 매수물건인 아파트의 내재가치가 빌라보다 클 것으로 판단됩니다.

2. 거래가 한산할 때는 매수인의 요구 조건이 잘 받아들여지는 편입
   니다.

3. 2021년 현재 빌라는 4억 원, 아파트는 8억 5,000만 원이 시세입
   니다. 아파트는 환금성이 좋아 시세 반영이 빠르기도 하지만 수요
   도 빌라보다 많습니다. 빌라는 아파트가 강세장일 때는 맥을 못
   춥니다. 즉, 수요가 아파트로 집중되어 빌라 수요가 부족하다는
   것입니다.

4. 아파트의 상승행진이 멈추면, 매수세가 빌라로 향하게 됩니다. 빌라
   는 아파트에 비해 단기간에 급등하고 조정을 받는 게 특징입니다.

내 집 마련, 이렇게 했어요

2013년은 부동산 춘궁기였습니다. 어느 날 평소 잘 알고 지내는 이
웃집 할아버지가 저희 부동산 중개업소에 오셨습니다. 2년 전 시집간
딸이 전세 만기가 되어 어떻게 하면 좋겠냐고 상담차 내방한 것이었습
니다.

전세금 2억 원이 딸이 가진 재산의 전부라고 했습니다. 우리는 할아
버지에게 2002년식 저평가 빌라를 매수해서 나중에 빌라를 팔아 아파

트로 갈아탈 것을 권유했습니다. 그는 이후에 딸을 데리고 와서 빌라 구매 계약을 진행했습니다.

구입주택	거래연도	금액 (100만 원)	양도차익	세금	구입 시 내재가치
마포구 한강 인접 전용 17평 빌라(2002년)	2013년 구입 2018년 매도	210 292	82	비과세	243

2년 후 다시 뵙게 된 할아버지는 여유자금이 5,000만 원 정도 있다고 하셨습니다. 자주 놀러 오는 손자들 때문에 더 큰 집으로 이사를 하고 싶어 하셨죠. 딸과 사위는 부동산 세상 물정을 잘 모르니 제게 찾아온 것이었습니다.

저희는 브랜드값이 있는 32평형 아파트를 적극적으로 추천해드렸습니다. 한강조망권이 보장된 4억 9,000만 원의 매물이었습니다. 하지만 돈이 조금 부족해서 전세를 4억 원으로 맞추고, 잔금을 치르기로 한 다음, 매입을 진행했습니다.

구입주택	거래연도	금액	전세금	실투자	현 시세
마포구 한강 조망 1급 브랜드아파트 32평형	2015년 매입 2018년	490 입주	400	90	10억 원 이상

할아버지는 이 일을 지금도 무척 자랑스러워하고 계십니다. 내 집 마련의 방법은 무궁무진합니다. 한두 가지 방법에 매몰되어 그것만 바라보고 좇을 게 아니라 다각도로 모색해봐야 합니다. 그럴 때 한 줄기 빛과도 같은 내 집 마련의 기회가 다가옵니다.

5;

투자의 기본 원리를 알면
내 집 마련은 식은 죽 먹기

공급의 탄력성, 용적률, 일조권, 건축법 등 기본적인 사항은 파악하고 이해하고 있어야 집값의 내재가치를 빠르게 알아볼 수 있습니다. 거기에 시시각각 변하는 정부 정책도 알고 있어야 하죠. 정부 정책은 투자자 입장에서는 어쩔 수 없이 안고 가야 하는 불편한 진실입니다. 그렇다고 정부 정책을 제치고 나홀로 투자를 할 수도 없는 일이죠. 결국, 정책을 잘 활용하는 지혜도 필요합니다.

한강이냐, 역세권이냐? 그것이 문제로다!

많은 사람이 종종 묻습니다. "한강이 좋아요? 아니면 역세권이 좋아요?" 글쎄요. 저는 이런 질문을 받으면 좀 곤란하더군요. 그것은 순전히 질문자가 누구냐에 따라 답이 달라지기 때문입니다. 한강뷰를 좋아하는 구매자라면 당연히 한강조망권이 우선시될 테고, 출퇴근이 간편하기를 바라는 직장인이라면 당연히 역세권이 선택 1순위가 될 테니까요.

부동산은 흑백논리가 존재하지 않는 곳입니다. 답은 "그때그때 달라요"가 정답입니다. 게다가 군중심리, 뉴스, 개발 호재에 따라 사람들의 취향은 갈대처럼 변합니다. 한강조망권이 있다고 다 좋은 아파트가 아니고, 역세권이라고 해서 다 비싼 아파트도 아닙니다. 환경과 주거의 질이 아파트 가격에 큰 영향을 미치는 것은 사실이지만, 거기에는 좀 더 복잡한 메커니즘이 있습니다. 조금 황당하게 들릴 수도 있지만, 계절도 아파트 가격에 영향을 미칩니다. 일반적으로 여름에는 한강변이 거래가 잘되고, 겨울에는 역세권이 거래가 잘됩니다.

그런데 이런 사람들의 심리를 단번에 묻어버리는 요소도 있습니다. 바로 재개발·재건축입니다. 부동산이 활황기라면 더 말할 필요도 없습니다. 2009년 재건축 바람이 불던 시절, 빌라가 1억 원 남짓한 가격으로 거래되다가 갑자기 2억 9,000만 원 선까지 뛴 적이 있었습니다. 그런데 그 후 5년이 지나고 나서는 반값인 1억 5,000만 원에도 거래가 성사되기 어려웠습니다.

어떻게 그런 일이 있을 수가 있냐고요? 그런데 지금도 그런 비슷한 일이 반복되고 있습니다. 지금은 거래량도 예전보다 훨씬 느는 추세죠. 만약 재건축이 불발할 경우에는 그 피해가 상당할 것이라고 예상됩니다.

가장 주의해야 할 투자 방식은 무엇일까요? 아무래도 '묻지 마' 투자 방식이 아닐까 싶습니다. 아무한테도 묻지 않고 편승해서 하는 투자는 절대로 해서는 안 됩니다. 적어도 담당 구청에도 물어보고, 가까운 중개업소도 찾아가서 정보를 캐내야 합니다. 그래야 실수를 줄이고 근심·걱정의 길로 가지 않을 수 있습니다.

주택 공급의 탄력성과 집값의 상관관계

기존주택과 신규주택의 가격에는 밀접한 상관관계가 존재합니다.

1. 기존주택의 가격이 내려가는 이유

① 주택에 대한 비관적인 사회 분위기가 기존주택의 가격을 떨어뜨립니다.

② 집값이 내려가면 수요도 감소합니다. 집은 통상적인 공급과 수요의 법칙 적용이 잘 안 됩니다. 집은 가격이 내리면 수요가 줄고, 가격이 오르면 수요가 늘어납니다.

③ 새로운 도시(세종시, 대규모 입주단지 조성 등)로의 인구 유출로 집값이 내려갈 수 있습니다.

④ 낡은 집은 늘어나고 신축은 감소해 집에 대한 집착성이 떨어집니다.

⑤ 기타 정부규제정책으로 얼어붙은 심리를 살리기는 어렵고 시간이 걸립니다.

2. 기존주택의 가격이 오르는 이유

① 공급 감소로 인해 수요가 상대적으로 증가합니다.

② 신축 주택을 열망하기 때문입니다.

③ 주거환경의 차이(기존주택의 입지가 좋은 경우)가 있어서입니다.

미국에서 공급의 탄력성과 우리나라에서의 탄력성은 성격이 다릅니다. 미국은 주택 시장에 대한 규제가 별로 없고, 오히려 우리나라와는 정반대의 정책을 펴고 있습니다. 미국의 주택 공급은 상당히 탄력적인 것에 비해 우리나라는 그렇지 못합니다. 특히 서울의 공급 탄력성은 더 그렇습니다.

서울은 미국에 비해 건축 규제가 상당히 심합니다. 수요에 맞춰 공급하기에는 이미 땅이 포화상태죠. 하지만 수도권은 가능합니다. 수요에 맞춰 신도시 개발과 같은 유연성을 발휘할 수 있습니다.

그런데 만약 집값이 서울보다 더 많이 상승한 수도권이라면, 과다한 거품이 끼었을 가능성이 큽니다. 집값이 정상화되는 과정을 거친 후에 알맞은 내재가치로 급격한 조정을 당할 우려가 큰 것이죠.

그나마 수도권이 유연하게 공급을 받쳐주고 있어서 다행이지만, 서울은 앞으로도 상당 기간 공급의 탄력성이 떨어진 상태를 유지할 것입니다. 서울의 공급 탄력성이 떨어지는 이유는 다음과 같습니다.

① 그린벨트 문제

② 재건축을 해도 수익성이 없는 법 제도의 문제

③ 수도권 진입을 위한 대기 또는 잠재적 수요가 넘치는 문제

정부 정책이나 심리적인 동요로 묻지 마 수요가 늘어나면, 모든 경제 논리는 뒤집힐 수밖에 없습니다. 그때는 예측과 상상도 어렵게 되겠죠.

서울의 신축 아파트나 비교적 저평가된 아파트의 공급이 부족하면, 일산이나 분당 등 수도권으로 번지게 됩니다. 서울 인접지가 부족하면 전국으로 확산됩니다. 확산의 동력은 유동성입니다. 경기가 확장되거나 상승하면 없던 돈도 어디에선가 나오게 되어 있습니다. '영끌족'과 같은 신용이 확대된 사람들이 생기면서 거품은 계속 쌓입니다. 거품이 팽창하고 또 팽창하다가 나중에는 자동으로 생성되는 경지에 이르게 되겠죠. 위험요인은 항상 도사리고 있습니다. 지금은 마치 금이 간 살얼음판을 보는 꼴입니다.

6;

부동산에도 분명한
트렌드가 있다!

부동산 투자에는 양면성이 존재합니다. 관점에 따라 크게 두 가지로 나눠볼 수 있습니다. 하나는 '안정성', 또 하나는 '수익성'입니다.

1. 안정성

최고의 수익률보다 안전한 투자를 목표로 합니다. 이는 가치 투자자들의 목표입니다. 내재가치를 기준으로 저평가된 물건(거래가율이 낮은)을 사면 안정성이 확보됩니다. 내재가치 대비 100% 이하로 매수해 안전성(안전마진)을 확보합니다.

2. 수익성

재료에(분양권, 신축 아파트, 아파트, 재건축 등) 투자해야 합니다. 즉, 흐름을 주도하는 종목에 투자해야 합니다. 흐름을 주도하는 종목이 단기수익성에 강합니다. 시간이 지날수록 내재가치를 크게 상회하는 경우가 많습니다. 부동산이 상승장일 때는 흐름을 주도하는 종목이 있습니다. 대체적으로 단기차익실현이 쉬운 물건들이 상승을 주도합니다(절차가 간단할수록 단기차익실현이 쉽습니다. 📄 분양권, 소형 아파트).

어느 것이 정답이라고 할 수는 없습니다. 안전성을 추구하는 사람도 있고, 수익성을 추구하는 사람도 있겠죠. 아니면 때때로 같은 사람이 안전성을 원하기도 하고, 다음번에는 수익성을 원하기도 합니다.

또 부동산 투자를 가만히 지켜보면 어떤 흐름을 주도하는 순서가 엿보입니다.

📍⭐ 흐름을 주도하는 순서

0순위 : 분양권(단기 고수익, 양도세 절세)

1순위 : 신축(1번 : 아파트, 2번 : 오피스텔(아파텔 포함) 3번 : 빌라), 단독주택, 다가구주택

2순위 : 재건축(재건축되면 대지 웃돈이 1.3~1.6배 붙습니다. 그 이상은 거품입니다)

3순위 : 재고아파트(입주 5년 이상)

4순위 : 실입주 겸 저평가주택

5순위 : 빌라(다세대주택, 연립주택)

거래량이 적을수록 바닥 시점이 가깝다는 것은 경제학의 기본 이론입니다. 그런데 상승기의 거래량 감소는 상승을 위한 또 다른 힘의 비축이라고도 볼 수 있습니다. 가격이 급격하게 상승한 경우도 마찬가지죠.

거래량이 늘어난다는 것은 상승을 의미합니다. 2009~2013년까지 아파트, 빌라, 단독주택, 다가구주택의 거래량은 최악이었습니다. 상승장에 접어들었을 때의 거래량은 별 의미가 없습니다. 상승장에서는 팔려고 내놓는 물건이 턱없이 부족하기 때문입니다. 분양권이나 신축급 아파트는 거래 방법이 용이하고, 하자 걱정이 덜해 거래가 잘되는 편입니다.

좋은 물건인지, 좋지 않은 물건인지 분간하기 어려울 때는 거래가 더디게 진행됩니다. 분양권이나 신축은 그런 면에서 아주 유리하지만, 수익 면에서 보면 또 반드시 유리한 것만도 아닙니다. 흐름을 주도하는 물건은 안정성에서 떨어지기 때문에 위험부담은 높습니다.

정보 분석을 잘하면 안전성과 수익성 모두를 다 잡을 수 있습니다. 좋은 투자 물건을 우연히 발견하는 행운이 따른다면 더할 나위 없겠죠. 대표적인 것이 대지가치가 아주 낮게 평가되어 있는 물건입니다. 상당히 가치 있는 대지(용적률, 일조권이 좋은 대지)가 시세보다 아주 낮게 거래되는 경우로, 연립주택(빌라, 다세대주택), 아파트, 단독주택 중에서 주로 거래가 뜸할 때 쉽게 찾을 수 있습니다.

나만 왜 자꾸 거꾸로 갈까?

부동산 투자를 해본 사람은 종종 이런 생각을 한 번쯤 하게 됩니다. "왜 내가 하는 투자마다 다 손해를 보는 걸까?", "내 손은 마이너스의 손일까? 뭐가 문제지?" 하면서 자꾸 나만 뒤처지고 거꾸로 가는 듯한 기분이 엄습해옵니다. 정말 우리는 부동산과 인연이 없는 것일까요? 지레짐작하고 실망해 투자에서 손을 떼는 사람도 있습니다.

부동산을 비롯한 모든 재화의 가격은 수요와 공급에 의해 결정됩니다. 수요가 한쪽으로 몰리면 이상 급등 현상이 생기죠. 2016년부터 시작된 부동산의 키워드는 '신축'이었습니다. 그중에서도 서울 아파트, 서울 아파트 중에서도 강남이 대세로 자리를 잡았죠.

지금도 여전히 신축 아파트나 분양권이 압도적으로 수요를 창출해내고 있습니다. 왜 이런 일이 생기는 걸까요? 바로 인간의 본성인 탐욕 때문입니다. 인간의 본성을 이해하지 못하고 간파하지 못한 부동산 정책은 백전백패할 수밖에 없습니다. 투자도 마찬가지고요.

심리적 압박은 더 거대한 탐욕을 불러일으켜 자꾸만 "아파트가 부족해!"라는 논리를 낳습니다. 사람은 부족한 것을 보면 쟁여놓고 싶어집니다. 있는 돈, 없는 돈 다 끌어모아서 화려한 집 한 채를 꼭 갖고 싶다는 욕망에 사로잡힙니다. 그 지점에서 자꾸 무리수가 생기고, 거꾸로 가는 투자 행태를 보이게 되는 것이죠.

왜 아파트만 주거공간으로 인정되어야 하는 걸까요? 그것은 사람들이 만들어낸 하나의 트렌드에 지나지 않습니다. 그 트렌드가 좋아 보여 발걸음을 옮기는 순간, 트렌드라는 소용돌이에 자꾸만 몸이 쓸려가게 됩니다. 그 이후부터는 명확한 판단을 내리지 못하고, 소용돌이가 멈출 때까지 뱅뱅 돌 수밖에 없습니다.

7.

적정한 주택가격으로
부동산 시장을 전망하다

아파트와 빌라, 즉 주택의 적정가격은 어느 선일까요? 거품이 끼었다고 말들을 하지만, 그게 정말 거품이긴 한 것인지 헷갈리고 불안한 분들이 많으실 것입니다. 주택이 상품이든, 보금자리든 우리는 어느 정도까지 값을 주고 살 수 있을까요? 자본주의 관점에서 상품이 되는 주택은 시장 가치가 그 값을 매길 것이고, 사회주의 관점에서 보금자리가 되는 주택은 정부가 소유하면서 그 적정한 가격을 매길 것입니다.

적정하다는 말처럼 모호한 말도 없는데 굳이 적정선을 찾아본다면, 다음과 같습니다.

1. 주택의 가격은 연간 임대료의 20배 정도가 적정합니다. 20배면 단순계산해도 연 5%의 수익이 나야 적정하다는 논리입니다.
   만약 8억 원짜리 아파트라면,

8억 원 ×5%=연 4,000만 원

4,000만 원 ÷ 12개월 = 월 333만 원

즉, 월 333만 원 정도의 수입이 되어야 적정하다고 봅니다.

2. 연간 소득의 25% 정도를 주택 임대료 상한선으로 봅니다.

연봉이 7,000만 원이라면,

7,000만 원 × 25% = 1,750만 원

1,750만 원 ÷ 12 = 월 145만 원

즉, 월 145만 원 정도의 월세를 감당할 수 있는 수입이 되어야 적정하다고 봅니다.

3. 연간 소득의 다섯 배 정도를 적정가격으로 봅니다.

연봉 1억 원이라면,

1억 원 × 5 = 5억 원

즉, 5억 원 정도의 집을 사는 것이 적정한 가격으로 본다는 것입니다.

주택값을 비교할 때는 인구나 국민소득이 비슷한 나라와 비교합니다. 인구가 우리나라처럼 5,000만 내외이고, 국민소득이 3만 불 내외, 수도에 인구가 집중된 나라와 비교를 해야 합니다. 우리나라의 집값은 이미 적정 수준을 넘어선 지 오래입니다. 2010년에도 서울 기준으로 소득의 여덟 배 정도가 중위 아파트 가격이었습니다. 지금은 무려 열여덟 배가 넘습니다. 심하게 거품이 낀 상태인 것이죠.

주택을 전망이론으로 전망할 수 있을까?

여러분은 전망이론을 어떻게 생각하시나요? 전망이 불확실한 상황에서 우리는 자신감이 급격하게 떨어집니다. 그럴 때 자신에게 가장 많은 이익을 가져다줄 것으로 기대되는 것을 선택한다고 가정해보면 마음이 한결 가벼워지죠.

전망이론은 그런 '기대효용이론'에서 출발합니다. 어떤 사람이 우연히 100만 원을 벌었는데, 며칠 후에 그 100만 원을 분실했다고 가정해봅시다. 산술적인 개념으로는 전혀 손해를 본 것은 아닌데, 돈을 잃어버린 사람은 커다란 상실감에 젖게 됩니다. 결론은 0이 됐지만, 잃어버린 100만 원의 손실이 아주 크다고 느낄 수 있습니다. 사람들은 같은 금액이라도 이익보다는 손실을 더 크게 느끼는 법입니다. 기쁨보다 고통이 더 크게 다가오는 것처럼 말이죠.

전망이론에 따르면, 미래가 불투명한 상태에서는 사람들이 집값이 내릴 것으로 판단하기 쉽습니다. 32평형 아파트의 매매가격과 전세가격이 5억 원으로 동일할 때, 전세가격으로 집을 살 수 있음에도 대부분의 사람은 "집값이 내려갈 것 같다"라며 집을 사려고 하지 않았습니다. 또 신문이나 방송에서 거품 타령 중에 집값이 고공행진하는 것을 목격하면서도 사람들은 집값이 언제 내려갈지 궁금해했습니다. 참으로 아이러니한 상황이라고 할 수 있죠.

집을 한 채 소유한다는 것은 취득세, 등록세, 농어촌특별세 등의 각종 세금과 법무사비용, 이사비용, 대출 이자 등과 마주한다는 뜻이 됩니다. 집을 사는 것은 사실 누구에게나 부담스러운 일이 된 것이죠. 그 부담이 예상되고 집값이 오르는 것을 목격하면서도 집값이 곧 하락할 것이라고 전망하는 것입니다.

많은 사람들이 전세로 돌아선 것은 우연이 아닙니다. 손해 보고는 절대 못 견디는 인간의 본성이 그 밑바닥에 깔려 있습니다. 그리고 그러한 본성은 군중심리로 나타납니다.

부동산 투자 STORY

타인자본(대출)을 어떻게 생각하십니까?

은행 대출이 무서워 집을 아예 사지 못하는 사람이 의외로 많습니다. 옛날에는 정말 은행 빚이 무서운 존재이긴 했습니다. 돈이 잘 돌지 않았던 시절에는 더욱 그랬죠. 하지만 지금은 이야기가 좀 다릅니다. 대출을 받아서 집을 사는 행위는 너무나 흔한 일이 되어버렸죠.

그런데 대출을 받아서 집을 사는 것은 아무 때나 해서는 안 됩니다. 집값이 저평가되어 있을 때는 빚을 내서라도 집을 사는 게 맞지만, 그 외의 경우에는 굉장히 심사숙고해야 합니다. 주식이든 집이든, 장기 투자든 단기 투자든 성공의 답은 내재가치 대비 저평가에 있습니다.

부모님의 도움을 포함해서 타인의 자본이든, 은행 대출이든 저평가 물건을 살때 타인자본(대출)을 잘 활용하는 것은 보약과도 같은 효과를 나타냅니다. 반대로 고평가된 부동산을 살 때 이용하면 발목을 잡는 족쇄가 됩니다.

대출은 적게 받을수록 좋습니다. 당연히 대출을 적게 받으려면 저평가 시기에 받는 것이 좋겠죠.

2015년에는 전세가격이 상승하고 아파트값은 제자리였던 시기였습니다. 마포구에 100세대 정도의 나홀로 아파트 32평형이 4억 원에 매물로 나왔습니다. 대출은 3억 원 이상 나오지만 살고 있는 집 전세가 2억 5,000만 원이 있고, 저축한 돈도 5,000만 원이 있어서 1억 원을 대출을 받아 진행했습니다. 지금은 대출도 다 갚고 시세가 8억 원으로 올랐으니 내 집 마련 걱정은 한시름 덜은 셈입니다. 대출이 내 집 마련의 기회를 잡아주는 순기능 역할을 한 것이죠.

8;

나도 내 집의
진짜 주인이 될 수 있다!

내 집 마련은 '마시멜로 테스트'와 비슷합니다. 마시멜로 테스트란, 한마디로 자제력 테스트입니다. 창안자인 월터 미셸(Walter Mischel) 박사는 아이들에게 마시멜로를 주고 15분 동안 기다리라는 미션을 주었습니다. 15분을 참지 못하고 먹어버린 아이들도 있었지만, 박사가 돌아올 때까지 마시멜로의 달달한 유혹을 끝까지 이겨낸 아이들도 있었죠. 자제력을 유지하기 위해 아이들은 책을 읽거나 다른 놀이를 하는 등 마시멜로에 관한 관심을 알아서 봉쇄했습니다.

수십 년이 지난 뒤, 미셸 박사가 유혹을 이겨낸 아이들의 삶을 추적한 결과, 유혹을 이기지 못한 아이들에 비해 학업 성적, 장기적인 목표 달성, 높은 자존감 등에서 아주 뛰어난 대처 능력을 가지고 살고 있음을 확인했습니다.

미셸 박사는 우리가 유혹과 화를 참지 못하는 이유는 이성과 감성, 즉 뇌 안에서 작용하는 두 가지 시스템 때문이라고 봤는데요. 뜨거운 충동 시스템은 감성적이고 충동을 빨리 일으키는 반면, 차가운 억제 시스템은 복합적이면서도 상대적으로 느리게 활성화되는 것을 발견했습니다.

이를 부동산 투자에 대입해보면, 거품경제는 야성적 충동에 의해, 내재가치가 정상으로 돌아올 때는 차가운 이성적 판단에 의해 파생되는 것을 알 수 있습니다. 온 국민이 집이라는 유혹에서 벗어나지 못하고 있는 시점에 거품이 없다면 그게 도리어 이상한 것일 테죠. 하지만 내 집 마련은 인간의 본능인 탐욕에 충실하기보다는 이성적인 계획과 목표를 세워 실행해야 합니다.

인간이 하기 힘든 것 중의 하나가 바로 '절제'입니다. 성령의 아홉 가지 열매는 사랑, 희락, 화평, 오래 참음, 자비, 양선, 충성, 온유, 절제라고 했습니다. 원래 중요한 단어는 맨 앞과 뒤에 배치해 강조하는 법입니다. 그만큼 절제가 중요합니다.

집값은 오르기도 하고, 내리기도 합니다. 어느 사이클에 부화뇌동하지 말고 욕심을 버리며 내 집 마련 계획을 차근히 세우는 것이 최선의 방책이 될 것입니다. 내 집 마련에는 생각보다 큰돈이 들지 않습니다. 단돈 500만 원을 갖고도 성공한 사람이 부지기수입니다. 내 집 마련에 필요한 것은 돈이 아니라 계획, 정보, 열정, 인내입니다.

에필로그

부동산 입문자에게
당부하고 싶은 말

1. '타인은 지옥이다!'를 명심할 것!

남들과 비교하는 순간, 불행의 나락으로 빠질 수 있습니다. 특히 부동산 투자에서 남과의 비교는 속만 까맣게 타들어가는 병균을 하나 심어놓는 것과 같습니다.

2. 감성적 투자는 절대 금물!

사람들은 대체로 아파트, 빌라, 오피스텔을 고를 때 신축을 선호하는 경향이 있습니다. 이는 이성보다 감성이 앞선 결과입니다. 특히 경기가 좋을 때, 더 그런 경향이 짙어집니다. 세상에는 영원한 신축이 없다는 것을 명심하십시오!

3. 원금을 보전하는 데 주력하라!

과도한 차익을 바라보거나 단기차익을 노리는 것은 별로 좋지 않습니다. 집은 팔아서 내 손에 돈이 들어올 때 수익이 비로소 계산됩니다. 재건축한다고 하면 많은 돈을 벌 수 있을 것 같지만, 실상은 그렇지 않을 수도 있습니다. 운 좋게 집을 사자마자 집값이 고공 행진할 수도 있습니다. 하지만 언젠가는 그 반대의 역전 현상이 생길 수 있다는 점을 잊지 마세요.

4. 은행 융자나 전세가격 수준은 본인이 직접 사전에 알아보라!

융자가 많이 나오고 전세가격이 높다고 해서 반드시 좋은 물건은 아닙니다. 은행 직원, 감정담당자, 전세 중개업자에 따라 가격 격차가 많을 수 있기 때문인데, 도리어 전세가격이 집의 가치보다 높은 경우도 있습니다. 따라서 전세가격을 집 매매가격과 결부시켜서 생각하면 오산입니다.

5. 갭을 무시하라!

투자금이 적을수록 좋다고 생각하면 안 됩니다. 투자금이 적다고 싼 물건이라는 생각은 아예 버려야 합니다. 갭의 기준도 내재가치가 중심이 되어야 합니다. 아무리 갭(투자금)이 적어도 내재가치가 낮으면 허탕인 셈이죠.

6. 장기 투자를 염두에 두어라!

저평가주택, 즉 거래가율이 낮은 주택을 사면 장기 투자가 가능합니다. 반대로 고평가주택을 사면 어쩔 수 없이 장기 투자로 갈 수밖에 없습니다. 손해 보고 팔려고 해도 안 팔려서, 또는 손실이 너무 크기 때문에 팔 수가 없기 때문입니다. 단기간에 집을 사고파는 행위는 별로 남는 게 없습니다. 저평가된 주택을 사면 투자 여력도 많이 생기고, 투자 차익도 더 많이 기대할 수 있습니다. 장기 투자를 하려면 씨앗 투자가 아주 유망합니다.

7. 친구나 가족과 상의하는 것보다 전문가를 찾아라!

집에 대해 잘 모르는 사람에게 상의해봤자 잘 모른다는 대답이나 부정적인 대답만 돌아옵니다. 부동산은 정보와 그 정보의 해석에 달려 있다고 해도 과언이 아닙니다. 그런데도 사람들은 주변에 유능한 전문가를 앉혀놓고, 먼 곳의 사촌에게 자문하는 경우가 많습니다.

8. 섣불리 아는 척하지 마라!

도정법이나 건축 관련 법규는 상당히 복잡합니다. 현업 종사자도 경험이 부족하면 놓치는 법률 사례가 많죠. 괜히 다 안다고 자만하지 말고, 다시 또 확인하고 공부하는 습관을 들입시다.

9. 투자, 거주 목적을 분명히 하라!

집을 구매하는 것이 투자 수익이 목적인지, 월세 수입이 목적인지 분명히 할 필요가 있습니다. 현업에서 은퇴 전이면 자본 투자(갭 투자)

가 목적이 되어야 하고, 은퇴 후 가진 돈으로 생활비나 노후 대비를 하려는 목적이라면 월세 투자가 좋습니다.

내 집 마련 최적화 공식

내 집 마련은 무리하지 않고 마련하는 것이 베스트입니다. 부모나 남의 도움을 받지 않고 온전히 내 집을 스스로의 힘으로 마련하려면 우선 계획부터 철저하게 세워야 합니다. 여기에 몇 가지 알려드릴 내 집 마련 최적화 공식이 있습니다.

1. 계획을 세운다

내 집 마련에 성공하는 가장 빠른 지름길은 집을 싸게 사는 것입니다. 저평가된 물건이 어디에 있는지, 있다면 어떻게 잡을 것인지 구체적으로 면밀하게 계획을 짜야 합니다.

2. 계단식으로 접근한다

저평가된 집을 기반으로 저평가된 집이나 아파트를 세를 안고 구입하면 접근이 더욱 쉽습니다. 싼 집이라도 집이 있으면 융자를 받거나 매매자금으로 활용하기도 편하겠죠.

3. 집 구매 시 제일 큰 리스크는 융자 즉, 타인자본이다

주택이나 주식을 살 때 많은 사람들이 다른 사람의 돈을 이용해 레버리지 효과를 기대합니다. 레버리지(대출, 전세금, 사채 등)를 이용해 집 값이 오르면 투자 수익률이 높고 단기간에 돈을 벌 수 있는 장점이 있지만, 반대로 집값이 내리면 원금 손실은 물론 하락 폭이 커질수록 감당하기 어렵게 됩니다. 집값은 내리는데 금리가 오르는 현상은 자주 생깁니다. 담보가치가 하락하는 중에 대출기한이 도래되면 은행은 담보가치 하락에 따른 원금상환을 요구하게 되고, 대출이자도 급격히 늘어나게 됩니다. 저평가된 주택은 레버리지가 재산 형성에 큰 도움이 되지만, 고평가된 주택은 주택매입자금이나 전세대출을 많이 받을수록 리스크는 커집니다. 고평가된 주택의 타인자본(은행 대출, 전세 대출, 전세 보증금, 사채)은 리스크 유발자입니다.

4. 공급의 탄력성을 공부하라

주택 매매나 전세는 주변의 땅값을 알아보는 게 먼저입니다. 서울이든 지방이든 건축비는 비슷합니다. 부동산이 심리적인 요인으로 상승할 때는 부동산 특성상 대지의 가치보다 건물의 가치에 주목하면서 집값이 상승하지만, 건물은 시간이 흐름에 따라 가치가 떨어집니다. 건물의 수명이 있기 때문입니다.

대지는 원재료, 건물은 상품이라고 보면 됩니다. 시간이 흐르면서 결국 대지의 가치를 기준으로 매매나 전세가격이 형성됩니다. 대지가격은 경제 성장률, 물가 상승률, 금리와 연관되며. 건물은 수요와 공급의 원칙에 따라 움직입니다. 수요가 넘치면 주택가격은 상승하고, 수요가 줄면 내재가치 아래로도 가격이 내려갑니다. 주택 공급에는 많은 시간이 소요되어 적기 공급이 어렵기 때문입니다. 대지가격의 변동이 크지 않은데 집값이 오르면 주의해야 하는 이유입니다.

5. 내재가치는 초보 투자 시 절대적인 투자 기준이다

주택 신축가격은 내재가치의 1.05~2배 수준으로 거래되고 있는 것이 현실이고 수요가 많을수록 높습니다. 적정가격을 제한하는 것은 어렵습니다. 내재가치에 비해 매매나 전세가격이 지나치게 높으면 리스크가 크고, 전세는 나중에 새로운 세입자를 구하기가 힘듭니다.

투자는 내재가치에 비해 낮을수록 좋고 전세는 내재가치의 80% 선에서 구하는 것이 좋습니다. 그래야 경매로 집을 처분해도 전세금은 안전하게 회수할 수 있습니다. 초보라면 내재가치가 가장 안전합니다.

6. 세상에서 제일 쉬운 것도 내 집 마련, 어려운 것도 내 집 마련!
다 생각의 차이일 뿐이다

내 집을 마련하는 데는 여러 가지 방법이 있습니다. 빌라부터 단계를 밟아서 아파트를 장만하거나 각자의 형편에 맞게 똘똘한 투자로 투자 재원을 늘려서 합니다. 전세나 월세에 거주하면서 갭 투자로 투자 원금을 늘리고 분양이나 청약을 준비합니다. 혹은 아파트나 빌라가 적정가격이 될 때까지 기다립니다. 방법은 많습니다.

심리에 휩쓸려 집을 사려고 하니까 힘든 것입니다. 내 집 마련은 돈보다 열정이 더 중요합니다. 마음먹기 나름인 것입니다.

내 집을 싸게 사는 최고의 방법

초판 1쇄 2022년 4월 19일

지은이 김기석
펴낸이 서정희   **펴낸곳** 매경출판㈜
기획제작 ㈜두드림미디어
책임편집 최윤경, 배성분   **디자인** 노경녀 n1004n@hanmail.net
마케팅 강윤현, 이진희, 장하라

매경출판㈜
등록 2003년 4월 24일(No. 2-3759)
주소 (04557) 서울특별시 중구 충무로 2(필동 1가) 매일경제 별관 2층 매경출판㈜
홈페이지 www.mkbook.co.kr
전화 02)333-3577
이메일 dodreamedia@naver.com(원고 투고 및 출판 관련 문의)
인쇄·제본 ㈜M-print 031)8071-0961
ISBN 979-11-6484-403-6 (03320)

부동산 도서 목록

📍 부동산 도서 목록 📍

종부세 핵폭탄 대비하는 완벽 솔루션

신방수 세무사의 이제 부동산 세금을 알아야 주택 보유&처분 할 수 있는 시대다

투자 전, 꼭 알아야 하는 상가임대차법

부동산 경매, 초보에서 탈출하라

초규제 시대, 부동산 투자의 정석

신방수 세무사의 2021 확 바뀐 부동산 세금 완전 분석

돈이 되는 부동산 VS 돌이 되는 부동산

신방수 세무사의 양도소득세 완전 분석

사례로 풀어보는 지분경매

신방수 세무사의 부동산 거래 전에 자금출처부터 준비하라!

부동산 관리도 경영의 시대

부동산 관리와 종합서비스

신방수 세무사의 상속분쟁 예방과 상속 증여 절세 비법

김 과장도 돈 버는 셰어하우스 SHARE HOUSE

내 생에 짜릿한 대박 상가 투자법

신방수 세무사의 주택임대사업자 등록과 절세 비법

나는 장애를 딛고 부동산 경매로 성공했다

불황에도 매출 10배 올리는 상위 1% 공인중개사의 마케팅 비법

아파트는 살고 땅은 사라

부동산 상식을 돈으로 바꾸는 방법

주택 연출가
무조건 따라하기

커피 한 잔 값으로
초대형 오피스 주인 되기
리츠
얼리어답터

신의 한 수
금맥
경매

주택
아파트
세무 가이드북
실전편

권리분석
완전정복으로
10년 안에
10억 벌기

대한민국을
움직이는
땅 투자 법칙 100

땅투자
10단계 절대불변의 법칙

돈의 보감
평범한 샐러리맨, 투잡 경매로
5년에 10억 벌다

경매로 세테크하고
NPL로 두 번에 월급 받다

나는 갭 투자로
300채 집주인이
되었다

토지
세무
가이드북
실전편

新
상가
투자
보물
찾기

상가
세무
가이드북
실전편

NPL
가격 산정의 비밀

응답하라!!
위기의
부동산

나는
토지 경매로
금맥을 캔다

토지보상경매
실전활용

세무조사
실무
가이드북
실전편

야생화의
기초 경매

자산을
블링블링 키우는
포인트 경매

국토도시계획을 알아야
부동산 투자가 보인다

DM
dodreamedia
두드림미디어
경매·경영, 재테크, 자기계발, 실용서 전문 출판 임프린트

가치 있는 콘텐츠와 사람
꿈꾸던 미래와 현재를 잇는 통로

Tel. 02-333-3577
E-mail. dodreamedia@naver.com
https://cafe.naver.com/dodreamedia